TOLKIEN

# 托爾金傳

## TOLKIEN ：A BIOGRAPHY

麥可・懷特 著
莊安琪 譯

# 感謝詞

本書能付梓，得感謝許多貴人相助。我尤其要謝謝我的經紀人賈蘭（Russ Galen）爲我處理諸多複雜的磋商交涉，以及大西洋兩岸的編輯老爺——倫敦的山姆森（Alan Samson）和紐約的戈德斯坦（Gary Goldstein）。費雪（Jude Fisher）和史奈德（Peter Schneider）賜我寶貴的文學意見，米魯文（Josephina Miruvin）也一直熱心的和我保持電子聯繫。

我也感謝克萊頓（Michael Crichton），若非他的指點，本書將會是不同的風貌。

最後，衷心感謝我妻莉莎，她對托爾金其人提出許多客觀的觀點，是我原本不可能思及的。

麥可・懷特（Michael White）

二〇〇一年九月

南非的布隆泉，這是托爾金幼時的家鄉。

托爾金在牛津大學艾克斯特學院
讀英國語言文學系。

托爾金的母親於1896至1900年間，在伯明罕附近的薩瑞霍爾租了這幢小屋。

托爾金在伯明罕所讀的小學——愛德華國王小學。

托爾金因戰壕熱而被送回家，後來再也不曾上前線。

第一次世界大戰時，托爾金當兵的經驗對其一生影響極大，
他最好的兩個朋友死在戰壕裡。

里茲工業城風貌。

1920年代的里茲，托爾金在里茲大學任教數年。

托爾金，1935年。

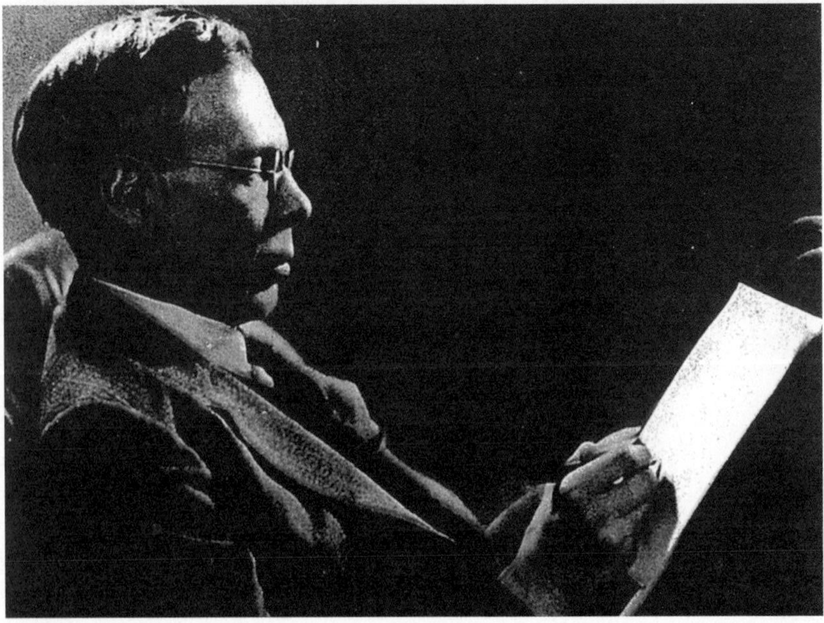

查爾斯・威廉斯，1935年。

托爾金回牛津擔任英國語文教授，和魯益思結為好友，兩人和志同道合者組成「吉光片羽社」，經常在這家「老鷹與小孩」酒館暢談文學和神話。

C.S.魯益思。

魯益思任教的馬德林學院。

牛津是二次大戰時，少數幾個逃過德國轟炸的城市。

《哈比人歷險記》早期版本的插圖。

1955年，托爾金教授在默頓學院他的研究室內留影。

托爾金與妻子艾迪絲。

托爾金作品的早期版本。

托爾金。

「魔戒」電影中角色的模型。

# 引言

我很晚才知道托爾金。一直到十七歲，才有同學把翻爛了的《魔戒》送給我，囑我一讀。雖然我這麼晚才認識托爾金，但一發不可收拾，一連把托爾金的名著讀了八遍，足以彌補起步晚的遺憾，而且爲這個充滿英雄主義、悲壯場面、精彩冒險的故事沈醉不已，也因此，我一讀完最後一頁，馬上就得再重讀第一章。

很快地，我搜羅了關於托爾金的種種資料，我當然讀了《哈比人歷險記》，也找來了托爾金譯的古英文史詩《貝奧武夫》（*Beowulf*，描述屠龍英雄貝奧武夫一生事蹟的史詩），他的《漢姆的農夫蓋爾斯》（*Farmer Giles of Ham*）、《尼格的葉子》（*Leaf By Niggle*）及其他較不爲人知的作品。一九七七年，也就是我初識托爾金作品的次年，我聽說期待已久的托爾金作品《精靈寶鑽》（*The Silmarillion*）即將出版，也興匆匆一大早八點在書店門口排隊，領取我預購的新書。一小時後，我擠公車回家，在一大群上班族間，迫不及待地翻讀精靈和人的故事。

這個時期我剛上大一，迷上音樂，正在學吉他，也加入了學校樂團。當時龐克之風方興未艾，我卻反其道而行，自組了名爲「帕蘭特里」（Palantir）的樂團，還用精靈語寫了有關凱蘭崔爾（Galadriel）的歌。現在想起來還爲自己的幼稚感到不寒而慄。不過換個角度來看，也可以了解我當時雖不成熟，但卻因某種極強烈的力量，而對托爾金迷戀不已，一定是「中土」難以抗拒的魔力造成如此深遠的影響。

一直到後來，我才知道有成千上萬的人和我一樣，成爲忠實的托爾金迷，有些也登高一呼，組成樂團，演唱「中土」的歌曲。老實說，我會讀《魔戒》是拜女朋友之賜，而在我大一的時候，手上拿部《魔戒》在交誼廳裡閒晃，是和女孩子搭訕的絕招。還有同學受托爾金這本書的啓發而修冰島文，還拿到學位。不過另一方面，也有一些人因爲托爾金大受歡迎而討厭他，他們唱反調的態度可以理解，只要任何人爲任何事著迷，就會流爲庸俗，讓不理解它的外人厭惡。托爾金不能吸引每一個人，對《魔戒》毫無感覺的人，就不免作出嘲蔑輕忽的反應。

我迷上《魔戒》那年，學校裡就有個好友對《魔戒》風靡的情形很不以爲然，決心拒看《魔戒》，也對他認爲是「莫名其妙的『中土』次文化」大加撻伐，他連一次也沒有讀過《魔戒》，倒把一本仿作《受不了魔戒》（Bored of the Rings）讀得津津有味，甚至連我問他：沒有讀過原書，怎能覺得仿作有趣？他也不理睬。

不消說，過了一陣子我就冷靜下來了。慢慢地，托爾金的影響轉淡，我也開始寫起傷春悲秋談愛論性的歌曲，更重要的是，我閱讀的涉獵也更廣泛，但我從沒有完全拋開托爾金，我心裡總爲《魔戒》留了一個空間，也一逕把《魔戒》的故事珍藏在記憶裡。二十出頭之際，我轉赴牛津，幾年後展開寫作生涯。我在牛津常聽說托爾金的故事，還聽說他、魯益思（C. S. Lewis），和其他同道在一家名叫「老鷹和小孩」的酒吧聚會的軼事。我總是上那裡喝一杯，希望能找到一點靈感。也因此，有人請我爲托爾金作傳時，不禁教我覺得緣分天定。

不過簽約的墨水還沒有乾呢，我就意識到重溫舊夢未必是好事，因爲這意味著我得重讀《魔戒》這本鉅著。在三十二年前一口氣讀了八次之後，我不禁心生疑惑——在經歷了四分之一世紀的現在，我還會喜愛這本書嗎？

一九七七年我第八次讀完《魔戒》最後一章的時候，才剛要上大學，當年我愛聽的是「Yes」合唱團的唱片，也蓄著一頭長髮。如今我已邁入中年，娶妻生子，自那時迄今讀了上千本的書，只偶爾才會聽「Yes」的歌。我還能認同亞拉岡嗎？我還會熱切渴望知道甘道夫和其他巫師的故事嗎？我還會不會在乎佛羅多和山姆的命運？多少次，我重讀年輕時代喜愛的書，結果卻發現再也對它們不起任何興趣。《魔戒》也一樣嗎？我會不會像大學時的好友那般，寧可讀《受不了魔戒》呢？

我買了一本新的《魔戒》帶回家，放在餐桌上好幾天，依然沒有翻開，接著我把它搬到臥室，又搬到浴室，依舊沒有展讀。我開始爲本書收集資料，對托爾金的生平和時代有了更進一層的了解。最後，經過數周的拖延，我終於展開他生平傑作的書頁。

不消說，我再度沈醉其間。《魔戒》的魅力依舊，而我也由故事中看到新的角度，找到新的層面，是年輕時代的我未曾注意，或甚至缺乏興趣的。我爲此欣喜，也放下了心頭大石，因爲若我不再欣賞托爾金的作品，又怎能爲他立傳呢？

我再一次一頭栽進「中土」的世界，受到這樣的經驗鼓舞，心知我原先的顧慮純屬杞人憂天。我知道一旦愛上《魔戒》的世界，就會終生成爲托爾金迷，否則就是自始至終排斥《魔戒》。

如今，我那位反托爾金的朋友也像我一樣邁入了中年，他依舊嘲笑我對《魔戒》的崇拜。他從未讀過這本被華特史登書店（Waterstone's）列爲「廿世紀之書」的書，也從沒有意思要讀它。

在初步爲本書收集資料時，我很高興，在網路上搜尋竟可找到四十五萬個和托爾金或《魔戒》相關的網站，其中有許多是非常專業，非常有趣的。但仔細拜讀一些所謂的

「官方」資料，我卻發現它們太過主觀，甚至到崇拜的地步。

我自認爲是托爾金迷，但我卻對這些關於托爾金教授「官方」或「授權」資料過度保護的態度不以爲然。目前已出版的托爾金信件和他的私生活毫不相關，他的私生活依舊籠罩在一團迷霧之中，比如他和妻子艾迪絲的關係，他和魯益思及其他文友的友誼。沒有任何官方的敘述質疑托爾金的內心、或是探索他心靈的陰暗面。更糟的是，沒有人探究托爾金的情感、動機，和他對事物的想法意見。正如本書將呈現的，托爾金是個好人，是個富有道德感和正直的人，天資聰穎而且值得信賴，但還不足以到冊封聖人的地步。

其實先前我爲其他人立傳，也曾見過像這樣「神化」的情況。在我撰寫牛頓爵士（Sir Isaac Newton）傳記的時候，曾發現他的學生爲了種種原因，把一些資料隱瞞了數世紀，而當這些資料公諸於世之後，原本學校教科書上的聖人，才有了更完整的人性光彩。我描寫的另一個對象——霍金（Stephen Hawking）迄今依然被形容成完人一般。在上面這兩個例子裡，唯有更深一層的探究，才能看到豐富多彩的世界。

我寫本書的用意，並不是要刻意搜尋托爾金醜惡的另一面，然而充滿創意的人也絕非如其信徒、弟子所呈顯的完人。我相信對任何人物著迷的人，一定會期待在他們的英雄身上看到比單調沈悶更豐富的東西，而身爲托爾金迷的我，也希望在此提供的即使不是綜藝七彩，至少也有更繽紛的色澤，讓「中土」的創造者，史上最受歡迎的作家，能有更鮮明精彩的影像。

# 目次

# 第一章　童年

約翰・隆納德・魯伊爾・托爾金（John Ronald Reuel Tolkien）教授飛快地踩著自行車踏板，領口不由得滲出了汗水。這是個溫暖的初夏下午，學期剛結束，高地上的車不多。不到中午，他已經見過一名研究生，指點她翻譯古英文的問題，也赴杜爾街買了紙、墨，把書還給學校圖書館，到研究室找出他爲牛津雜誌寫的詩稿。通常他總回家午餐，但今天他得參加教員會議，也就是說他得在學校用餐。現在他終於可以回家，準備批閱自本周起一直在他書桌上堆積如山的畢業考卷。

他穿過牛津市中心的卡爾法克斯塔，聽到鐘敲三響，於是他加快踩踏板，心想至少在他騎車回城之前，有兩個小時空檔可以利用。等一會兒下午茶時間，他還得赴莫頓學院開會，他想在那之前，至少也能批改三份考卷。

他騎上班布瑞路，先右轉再左轉，最後騎上諾斯摩爾路，他家自一九三〇年初就搬到廿號。托爾金一腳跨下單車，側身平衡，滑進側門，穿過小徑，把頭伸進廚房的門，向妻子微笑招呼，他看到才五個月大的寶貝女兒普瑞西拉已經醒了，正在媽媽的懷裡格格笑，不禁走過去親了親妻子的臉頰，輕撫女兒的下巴，最後才轉身，大步走向屋子南側的書房。

托爾金的書房很愜意，穿過書架構築的通道，就可走進四面書牆的房間。教授的書桌面南，可以看到鄰居的花園，他的右邊是另一扇大窗戶，對著路旁一大片修剪得宜的草坪。他桌上有一塊寫字墊，還有插滿各種筆的筆筒，左右兩邊都堆滿了文件，左邊是高高一堆正待批閱的畢業考卷，右邊則是已經批改好的卷子，只是少得可憐。

托爾金舒舒服服地坐下來，由外套口袋裡取出菸斗，塞進新鮮的菸絲，再小心翼翼地點上火。他邊吸菸斗，邊由左側拿起最上方的一份卷子，放在眼前，開始閱讀。

批改十六歲學生的畢業考卷免不了沈悶無聊，但對家計不無小補，托爾金有妻子和四名嗷嗷待哺的兒女，自然得在教授的薪水之外再尋補貼。這份工作雖然無趣，但托爾金卻仔細批閱每一份卷子，也爲此頗爲自豪。因此接下來半小時，他很專注地審閱這份考卷，不時在考卷空白處寫下評語，或在段落最後作上記號。他慢條斯理地翻閱試卷，四方一片寂靜，只偶爾聽到窗台前的鳥聲，還有清風吹拂，樹葉翻飛的聲響。

過了一會兒，托爾金批閱好一份試卷，給了公平的分數，把它放到右邊的那一落，再拿起左方的另一份試卷，他讀了幾分鐘，翻到第二頁時，赫然發現這頁全是空白，不由得遲疑了一下，也覺得鬆了口氣，可以少改一頁。他把身體往後靠，環顧四方，視線突然停在桌腳下的地毯，他注意到地毯上有個小洞，不禁凝視著它，作起白日夢。接著他回頭看眼前的白紙，寫下：「在地底洞穴中，住著一名哈比人……」

雖然托爾金不明白自己爲什麼會寫下這樣的句子，更不了解由他潛意識冒出的這一句對他、對他的家人，和對整個英國文學會有什麼樣的意義，但他知道這個句子很有意思，有意思到他忍不住想「找出哈比人究竟是什麼模樣」。

就在此刻，由這樣一個可能出自無聊而寫的句子，由這樣一個可能壓抑已久的句子，產生了無盡的靈感，最後帶來了《哈比人歷險記》和《魔戒》，再加上《魔戒》收尾的《精靈寶鑽》，和其他包羅萬象的「中土」神話註釋，他的作品終能風靡全球，讓數百萬人得享閱讀之樂，並且獲得啓發，同時還開創全新的文體：奇幻文學。在這個下午之後幾年內，成千上萬的人都對哈比人耳熟能詳，到一九六〇年代，西方世界對哈比人對好萊塢明星或英國皇室成員一樣熟稔。許多人都覺得「中土」不僅是幻想的世界，托爾金的作品由書房紙上的信筆塗鴉，孕育了自己的生命，開花結果，成爲自給自足、扣人心絃的英雄傳奇，是塡補現代人心靈的神話。

就許多方面看來，托爾金的家庭背景都毫不起眼，十分平常。他的父親亞瑟．托爾金（Arthur Tolkien）是伯明罕勞伊茲銀行的職員，而他爺爺約翰．托爾金（John Tolkien）則是製作鋼琴的師傅，也兼售單張樂譜，不過等亞瑟成年，托爾金鋼琴已停產，鋼琴生意失敗，約翰也破了產。

亞瑟由父親的例子了解自行創業的風險，可能也因此讓他決定在當地銀行找一份安穩的工作。但勞伊茲銀行伯明罕分行裡苦無升遷管道，除非有人退休或去世，否則一輩子都不得升遷。一八八八年末，國外有較高職務的缺，他不假思索就決定接下這個機會。

這份工作是南非銀行在布隆泉地區的前置作業，亞瑟心知這份工作極具潛力。布隆泉是南非橘自由邦的首府，新近發現了金礦和鑽石礦，成爲舉足輕重的採礦省分，吸引了許多歐美資本家投資。亞瑟唯一的問題是，前一年，他愛上年方十八的漂亮小姐梅波．蘇菲德（Mabel Suffield），也已向她求婚，如果接納新職，就意味著得離開她。

蘇菲德一家人對亞瑟有點意見，希望他們家女兒能找到更好的對象。不過這主要是因爲他的身分地位，而不是對亞瑟的個性或人格有什麼異議。蘇菲德家人覺得托爾金一家子一貧如洗，和剛搬來的移民沒什麼兩樣（雖然他們家族已在英國居住了數百年），不過蘇菲德自己的社會地位亦非無懈可擊。梅波的父親是布商，雖然自行開店，但後來生意也垮了，和托爾金一樣破產。亞瑟邂逅梅波之時，約翰・蘇菲德的工作是爲一家名叫「潔液茲」的清潔劑公司擔任巡迴銷售員。

這一切都不能影響兩個年輕人的情意，只是亞瑟求婚後，蘇菲德先生至少阻撓了兩年，也就是說，亞瑟飄洋過海就任新職，而梅波卻得在故鄉等待情郎的訊息，一心巴望他能盡早把她接去，在當地結婚。

亞瑟沒有讓她失望。不到一八九〇年，他就升任南非銀行布隆泉分行的經理，前途看好。他覺得自己有了把握，於是寫信給梅波，要她來南非和他結婚。梅波當時已廿一歲，兩人的關係也已過了父親訂的兩年期限，因此她不顧家裡的反對買了船票，於一八九一年三月登上「羅斯林堡」輪，駛往好望角。

位於橘邦中心的布隆泉和其他的大城市沒什麼兩樣，但在十九世紀末，托爾金抵達之初，它還是只有幾百間建築物的簡陋城市，強風由沙漠直灌進來，橫掃全城。如今，大部分的居民都可躲在有空調的購物中心和家裡，但在一八九〇年代，生活十分艱苦，剛移居的白人生活只比現在住在市中心貧民窟黑人的生活好一點點。

這對新人於一八九一年四月十六日在開普敦天主堂締結鴛盟，在附近的旅館度了短暫的蜜月，等興奮新奇之情一過，梅波很快就發現這裡的生活可不像在英國安逸。

她覺得非常寂寞孤單，也發現很難和其他移民交朋友。當地大部分的人口都是荷裔移民，不太和英國人打交道。托爾金夫婦雖也邀其他英裔移民來訪，但梅波卻發現這裡幾乎什麼都缺。只有一座網球場，幾家商店，一個小公園，和車水馬龍的伯明罕、忙碌熱鬧的大都市生活宛如天壤之別。她也痛恨當地的氣候，酷熱難耐，夏季潮濕，冬季卻又凍得教人發僵。

她別無選擇，只能盡力適應。亞瑟從早到晚忙著工作，一心要在南非銀行出人頭地，很少在家。他似乎可以自得其樂，因此情況更嚴重。他有工作上的朋友，總是忙得不可開交，所以沒有時間多想此地乏味的生活。他似乎沒有顧慮到梅波的鬱鬱寡歡，總認爲這是她一時的沮喪，不久就會適應。

梅波試著盡量改變情況，她顯然很愛她的另一半。有時她設法把他由銀行裡拖出來，兩人一起去散步，或是在城裡唯一的俱樂部打網球。也有時候兩個人在家裡靜靜地坐著，互相讀書給對方聽。

若說梅波覺得生活乏味，那麼很快地日子就有了變化，因爲她發現她懷孕了，夫妻倆都興奮莫名，但梅波也擔心此地醫療設備不足，難以照顧她和新生寶寶。她向丈夫暗示最好回英待產，但亞瑟卻總說他沒有時間，梅波左思右想，最後覺得留在布隆泉也好，以免舟車勞頓，還得在沒有丈夫相伴的情況下，孤孤單單地生孩子。

他們的兒子一八九二年一月三日誕生，名爲約翰，但究竟全名要怎麼取，夫妻倆卻各執己見。亞瑟堅持要依家裡幾代的傳統，取名魯伊爾，而梅波則喜歡隆納德這個名字。最後雙方各退一步，寶寶在一八九二年一月卅一日於布隆泉天主堂受洗，正式命名爲約翰・隆納德・魯伊爾・托爾金。不過卻沒有任何人叫他「約翰」。他的父母和後來的妻子都叫他隆納德，學校裡同學叫他的外號「托勒」，後來的同事叫他J. R. R. T.，或者正式一點，稱他「托爾金教授」，而他以「J・R・R・托爾金」名聞遐邇，全世界的讀者都稱他托爾金。

他初生的歲月，也就是在南非度過的童年，簡直像天方夜譚一般，充滿了異國風情。托爾金後來就記憶所及，告訴他子女的軼事包括：鄰居家的猴子跑到他家花園裡，把吊在曬衣繩上的圍兜兜撕個粉碎，還有一次一個名叫以薩克的小廝要把小寶寶隆納德抱回郊區的家給家人看。托爾金夫婦沒有當場炒他魷魚，倒是奇事。

這樣的環境的確危險，並不適合養兒育女。天氣不是極熱就是極冷，寶寶在南非過的第一個夏天，也是梅波的試煉：揮之不去的蒼蠅，汗如雨下的酷熱，花園裡到處是致命的毒蛇和昆蟲，寶寶才剛滿一歲，就被毒蜘蛛咬了，幸好保母急中生智，找出傷口，把毒吸了出來。

寶寶出生之後，梅波的日子過得愉快多了，亞瑟依然忙著銀行工作，但一八九二年春，梅波的妹妹梅伊和妹夫華特・英克丹（May& Walter Incledon）抵達了布隆泉，華特有意在南非投資，打算在此花點時間考察金礦礦藏，梅波有了伴，也有人能幫忙照顧寶寶，不過她還是想家，而且越來越受不了亞瑟把所有的時間都花在工作上。雪上加霜的是，此時她發現自己又懷孕了。

希拉瑞．托爾金（Hilary Tolkien）一八九四年二月十七日降生，梅波懷他的時候吃足了苦頭，尤其那個夏天更是酷熱難當。因此她產後心情又跌到谷底。她妹妹、妹夫已經回歐洲，她得在這樣艱困的環境中撫養兩個幼子，另一半又不幫忙。幸好希拉瑞是個健康的孩子，但隆納德卻體弱多病，他的肺不好，加以此地夏天酷熱，又有風沙，冬天卻嚴寒，因此病況加重，接著他又有皮膚病，眼睛也受到細菌感染。到一八九四年十一月，梅波亟欲換個環境，呼吸一點新鮮的空氣，因此帶著孩子們到開普敦度假。亞瑟其實也該度個假，但他卻堅持自己連喘口氣的時間都沒有，他待在布隆泉，又度過一個難熬的夏天。

等梅波度假歸來，她已經下定決心，全家非得遠離這裡的風沙塵土不可。她展開如簧之舌，想說服亞瑟花點時間返家省親，因爲他已離開英國將近六年，至少該休息一下。但他卻不聽，表示請假很可能會影響他在銀行裡的前途，因此夫妻倆決定：梅波和孩子們先回英國過夏天，如果一切順利，他稍後再趕回去和她們會合。

於是梅波帶著隆納德和希拉瑞，在一八九五年四月登上蓋爾夫輪啓航，三周後抵達南安普頓，梅波最小的妹妹愛蜜麗・珍來碼頭接他們，孩子們稱她珍阿姨。他們搭火車赴伯明罕，在珍小小的家裡分一個小房間住。

房子的空間非常侷促，梅波和孩子們一起睡，房裡還住了其他五個成人：梅波的父母親、她的妹妹、弟弟，還有一名年輕金髮的房客，是個保險公司職員，名喚愛德溫・尼夫（Edwin Neave），他不是和珍調情，就是陪隆納德玩，彈斑鳩琴或是唱歌給他聽。比起和南非的生活來，這裡舒服得多，天氣溫和，不再有狂風呼號，好像要把房子吹垮似的，花園裡沒有毒蜘蛛，草裡也沒有蛇。梅波雖然思念丈夫，但他依然不肯回英國來，而在梅波眼裡，孩子們的福祉永遠該擺在第一位。

亞瑟也想念家人，他常寫信敘述他的思念，但卻依然說他走不開，即使幾個月也不行，彷彿只要他一離開就有人會篡位，讓他一蹶不振。

就在此時，整個南非都面臨政治不安定的局面。波爾人在克魯格（Paul Kruger）的率領之下，準備推翻英國人，他們在川茲瓦爾（Transvaal）的基地成立了精銳的游擊部隊。一八九五年，亞瑟・托爾金還在忙著處理歐洲富豪在布隆泉資產之際，克魯格的戰士已經在川茲瓦爾和橘邦組成軍事陣線，幾年之後，英軍就在南非展開全面的戰爭。居住在異地的英國公民日子過得並不舒坦，也因此亞瑟很慶幸妻兒都遠遠地留在安全的英國。

然而一八九五年十一月，晴天霹靂傳來了壞消息。亞瑟寫信給梅波說，他患了風濕熱，這在當時是重症，梅波懇求亞瑟務必要返英調養身體，但他依舊斷然拒絕，說他無法忍受英國冬天的濕冷。

夏日降臨布隆泉，亞瑟的病況日益惡化，梅波聽到這個消息，決心要帶著孩子們返回南非。因此她在一八九六年一月作好各種安排，買了船票，訂好日期。二月十四日，當時才剛滿四歲的隆納德寫了一封信給父親，在這封由人代筆的信中，隆納德告訴父親說他非常思念他，期待兩人在分隔這麼久之後，很快就能相會。

然而這封信並沒有發出去，因爲第二天消息傳來，亞瑟已因腦溢血去世，傷心欲絕的梅波立刻收拾行李，請父母親照顧孩子們，趕搭第一班輪船前往好望角。等她趕到布隆泉，結褵不到五年的丈夫已經下葬。

因此年方四歲的小托爾金，生命進入了新的階段。布隆泉的荒野換成了英國第二大城伯明罕的工業景象，遼闊的地平線、山坡那頭低垂的紅太陽已然遠去，酷熱的一月下午在滿天沙塵下遮棚中玩的遊戲不再，小隆納德的新世界換成了一層一層的平房、磚造煙囪、水泥圍成的庭院，和工廠冒出的黑煙。

雖然亞瑟爲了工作殫精竭慮，甚至因此損害健康賠上一條性命，一心爲公忘私，沒有時間陪他的家人，而他留給家人的遺產卻少得可憐。他的資金全都投資在波南札礦藏，所留給梅波的股息每周只有卅先令，根本不夠三口之家所用。梅波的妹夫英克丹提供微薄的教養費，但不論是梅波的娘家還是婆家，都無餘力資助他們。在亞瑟去世之後，梅波帶著孩子已在狹小的娘家住了九個多月，大家都受不了擁擠的情況，非得盡快租一間廉價的房子才行。

夏天的時候，梅波在距伯明罕一哩半的城外南郊薩瑞霍爾村找到一間小木屋，如今，薩瑞霍爾是伯明罕的衛星城，車水馬龍，人潮洶湧，但當時仍是安寧靜謐的郊區，遠離都市喧囂。小屋位於小巷弄底，是間漂亮的磚造房子，隆納德一眼就愛上了它。

一直到老年，隆納德依舊記得幼時和弟弟及母親住在鄉間、怡然自得的景象。房子雖小，但溫馨舒適，附近的老先生老太太都很和善，時常幫助他們。搬家的時候希拉瑞才只有兩歲半，但不久他就和哥哥在附近的田野裡玩耍，兩人走很遠的路去探險。有時他們步行到鄰近的村落霍爾葛林去，漸漸和當地的孩子交上朋友。

兄弟倆情感非常好，由於失怙，因此兩人的男性伴侶唯有對方，兩人也和母親特別親近。他們以自創的遊戲和豐富的想像力打發學前的歲月，兩兄弟把當地的一名農夫想成邪惡的巫師，把這片平和保守的鄉間想像成心靈的遊樂園，任憑好壞巫師打鬥相爭，爭取掌控大地的權力。在漫長的夏日裡，他們遠征樹林，以保護弱小，對抗壞人爲己任。有時候他們也去一塊被他們取名爲岱爾的地方採黑莓。最有趣的是——兩個後來在托爾金作品中出現的人物；原來在葛瑞斯威爾有個磨坊，由一對父子經營，兩人都很難相處，老磨坊主人留了長長的黑鬚，性格比較溫和，而他的兒子被托爾金兄弟取名為「白巨妖」（因為他老是一身的白麵粉），特別凶暴而駭人。半世紀之後，這些兒時記憶中的人物搖身一變，在托爾金的作品中成為油腔滑調的磨坊主人山迪曼（Sandyman）和他討人嫌的兒子泰德。

隆納德開始讀書之後，對妖魔巨龍的幻想更是活靈活現。他母親鼓勵他讀許多當時流行的兒童名著，比如剛出版的《金銀島》、《愛麗絲夢遊奇境》，還有古典名著如《花衣吹笛人》，但對七歲的隆納德而言，最重要的是蘇格蘭學者蘭格（Andrew Lang，1844-1912，英國學者、詩人、童話作家）所著的《紅童話書》。蘭格收集改編並自行創作童話故事，隆納德愛不釋手，只要故事裡有巨龍、海蛇、神話冒險和高貴的騎士，他就讀得津津有味。

托爾金很快就成了熱切的小讀者，梅波注意到他對閱讀的興趣和與生俱來的語言能力。她親自教導兩個孩子，等隆納德七歲，她就教他法文和初級拉丁文，他非常喜愛這些語文。此時自學鋼琴有成的梅波也開始教導孩子們音樂，希拉瑞一學就會，但隆納德似乎對彈鋼琴無動於衷。

如今看來，奇怪的是托爾金雖然寫了許多詩和韻文，讓書中的小精靈和哈比人歌唱，但終其一生，他對音樂都沒什麼興趣。他很少參加音樂會，他的妻子是鋼琴家，但他卻只偶爾才聽她彈琴，更受不了爵士樂和流行音樂。在他的藝術天地中，音樂是一片空白。

對托爾金而言，這是一段快樂的時光，他愛薩瑞霍爾，而書本也引發了他無窮的想像力。這段時光將永遠珍藏在他記憶裡，任他終生細細咀嚼回味。在他心裡，這段短暫的時間是一生中最平靜、最美好的時光，如夢似幻。他對南非的時光毫無記憶，對父親也只有模糊的印象，在他看來，他的童年就是在薩瑞霍爾和弟弟與親愛的媽媽共處的時光，在那之前，沒有任何大事發生過。

但一切總會改變。薩瑞霍爾的美好時光不可能永遠留存，到一九〇〇年末，正當隆納德要過九歲生日的時候，梅波不得不又把孩子們帶回伯明罕。

遷回來的原因很多。梅波希望孩子們在城裡而非在鄉下上學。一八九九年，隆納德曾參加父親母校——名聞遐邇愛德華國王學校的入學考，結果失利，但次年再度報名，順利通過考試，一九〇〇年九月就要入學。但學校距離薩瑞霍爾四哩，梅波付不起通勤的火車票，隆納德每天得來回步行八哩上學，因此不論兩兄弟多麼不情願，都不得不遷回伯明罕。

不過梅波之所以要遷回伯明罕，可能還有另一個迫切的理由。一八九九年，她信了天主教，而最近的天主教堂位於伯明罕中部。

一直到丈夫英年早逝之前，梅波的信仰都很傳統，但我們很容易了解她爲什麼能由天主教求得安慰，畢竟，隆納德有希拉瑞爲伴，梅波卻沒有幾個朋友，雖然她和娘家走得很近，尤其是和她妹妹珍，但她和夫家卻不熟。隆納德的祖父約翰在亞瑟去世後半年也撒手人寰，梅波和她的婆婆之間也沒有多少共同點。

此外，梅波也不打算再婚。要再找對象的機會非常渺茫，住在鄉間的她帶著兩個孩子，幾乎一文不名，又已年近卅，她的條件並不起眼，她也希望能親手以最適當的方式把孩子拉拔大，再加上她個性獨立堅毅，因此不太可能光爲了給孩子找個爸爸，而隨便再嫁。

然而梅波卻沒料到她皈依天主的決定卻引起了軒然大波，她的家人完全不能接受她的決定。梅波的父親約翰·蘇菲德原是虔誠的美以美教徒，後來則成唯一神教徒（Unitarian），他最討厭的就是天主教會，而梅波竟然改信天主教，使他勃然大怒，要和她斷絕父女關係。曾赴布隆泉的梅波妹夫華特也不能接受梅波改信天主教的事實。

華特因爲投資得當，生活寬裕得多，也成了伯明罕地區聖公會裡有頭有臉的人物，梅波改信天主教的消息不但教他生氣，而且可能會讓他失面子，因此他決定不再提供生活津貼，梅波的家境原本就已經捉襟見肘，如今益發雪上加霜。

當然這樣的作法只會使她更堅定改變信仰的決定。自一九〇〇年起，她很少再和父親和妹夫聯絡，而她和同樣持反天主教立場的婆婆更是由冷淡到完全不相往來。如今她和夫家娘家的聯絡，唯有依靠手足。

和家人的關係還好辦，但經濟來源又該如何是好？梅波沒辦法外出工作，因爲沒人幫她照顧孩子，因此她只能盡量量入爲出，去找更便宜的房子，靠著亞瑟投資的微薄利息過日子。托爾金一直到成年之後，都依然記得他們在伯明罕莫斯利地區的新家，他形容那裡「很恐怖」，窄小簡陋又陰暗，小小的窗上掛著骯髒的蕾絲窗簾。

不到幾個月，他們又得搬家了，因爲這間房子是違章建築，必須拆毀。下一間房子離梅波娘家只有幾條街，但梅波的父親不認這個女兒，孩子們只有在珍阿姨帶領的時候，才能去探望外公外婆。在孩子們心裡，這間房子最有趣的是花園角落靠著鐵軌，火車頭進伯明罕總車站新街之前的最後一站。梅波也覺得這裡比較合適，因爲這裡離聖登斯坦天主堂更近，她和孩子們自一九〇一年底起，就常上這個教堂。

不論是對托爾金一家人或是對整個世界而言，一九〇一年都是風起雲湧、變化甚大的一年。已經進行兩年的布爾戰爭（一八九九至一九〇二年英國與南非荷蘭移民後裔布爾人的戰爭）結束的希望還十分渺茫，維多利亞女皇去年一月才薨逝，年歲已大的花花公子愛德華七世方才繼任英國王位。可以想見，梅波自離開布隆泉之後，覺得心力交瘁，亟欲找到穩定磐石，找到內心的平靜安寧。

遺憾的是，聖登斯坦天主堂兩者都無法提供。一九〇二年初，梅波在艾吉巴斯頓郊區發現了奧拉托利會（Oratory，天主教的在俗司鐸修會），這是一八四九年當時最有名的教會人士紐曼（John Henry Newman，1801-1890，英國聖公會牛津運動領袖，一八四四年改奉天主教）所創，神父們住在此地已迄五十年之久。紐曼原是英國國教牧師，曾赴羅馬，在羅馬改奉天主教，後來在伯明罕依梵諦岡的模式成立教會。梅波喜歡此地神父所信仰的儀式，再加上附近有天主教聖菲利浦學校，更棒的是學校旁就有一間租金合理的小房子，離教會又很近，地址是奧立佛路廿六號。一九〇二年一月，托爾金就搬進他在伯明罕的第五個家。

這次搬家對托爾金一家人都有好處，而且梅波至少也有一段比以往快樂得多的時光。她終於在教會裡得到她亟需的一點幫助，而且還和一名神父結爲好友，他就是法蘭西斯．摩根（Francis Xavier Morgan）。

梅波一搬來，法蘭西斯神父就去探望他們，成爲他們一家的神父兼密友。他有威爾斯和安格魯—西班牙的血統，身材粗壯結實，髮色烏黑，精力旺盛。他的聲音宏亮，只要一來，就可以聽到屋裡都是他的笑聲。希拉瑞和隆納德對他又敬又愛，而梅波也毫不保留地信賴他。

然而法蘭西斯神父雖能給梅波精神上的指引，對她所面對的艱困現實卻一籌莫展。梅波的經濟拮据，奧立佛路又位於貧民窟，鄰近的街道天黑以後都不安全，因此兄弟倆在冬日五點天黑後，往往只能待在家裡，無處可去。

聖菲利浦學校也教人失望。這個世紀之交位於英國城市貧民窟的典型公立學校，一間教室擠了五十多個學生，學習基本文法和數學，老師缺乏教學熱忱，所受的教學訓練也不足。學校水準低落，學生上學只是盡盡義務，並不打算眞有所得，未來的出路就是去工廠、店鋪和倉庫找份工作餬口。

幸而梅波並沒有被信仰沖昏頭，孩子們上聖菲利浦幾個月之後，她就讓他們休學，由她親自在家裡教導，同時重新和愛德華國王學校聯絡，希望能讓兩個孩子可以靠獎學金重回學校。

一九〇三年，隆納德獲得獎學金可以重回愛德華國王學校，但希拉瑞卻未通過入學考試。梅波覺得兩人的表現好壞未必是她的責任，因爲她明白隆納德比較用功有潛力，而他弟弟卻愛作白日夢，不腳踏實地，因此梅波繼續在家裡教導弟弟，希望他能通過第二次考試。

因此在隆納德十一歲的秋天，在輟學近兩年之後，他重回原先的學校，母親教導有方，因此他可以趕上功課進度，此時他已經流露出對語言方面的天分，小小年紀就成了語言大師。愛德華國王學校也給了他極大的鼓勵，除了法文和德文是必修課之外，他十一歲時也開始學希臘文，此外，專精中世紀文學的老師布瑞渥頓（George Brewerton），也以活潑精彩的方式引導他進入喬叟（Chaucer, 1340-1400，英國詩人，主要的作品是《坎特伯利故事集》）和中古英文（約1150-1500年的英語）的世界。到當年年底，梅波寫信向她的婆婆瑪麗．托爾金稟告，剛受堅信禮的隆納德表現很好，常讀十五歲孩子才看得懂的書。

然而就在隆納德歡喜行過堅信禮、聖餐禮之後，一九〇四年卻又出現了新的打擊。梅波時常覺得疲憊不堪，而她的疲勞並非僅是因為照顧兩個孩子，也不是因為生活的艱難——而是因為她患了糖尿病。

當時糖尿病還是不治之症，醫學對胰島素也還一無所知。梅波的狀況越來越惡化，終於在四月被送入醫院。

起先大家都不知道該如何安置兩個孩子。奧立佛路的房子搬空退租，梅波還在醫院，但醫師束手無策，只能希望她可以恢復一點精力。家裡沒人可以同時照看兩個孩子，因此他們倆只好暫時分開，希拉瑞被送到幾條街外的外婆家，而隆納德則被送去珍阿姨家，珍阿姨已經嫁給原先的房客，愛彈斑鳩琴的保險職員尼夫，住在南岸的霍夫市，所以隆納德在學期之初輟學，只能藉著自修和練習，希望學業不至於落後。

到了六月，梅波的病情有了起色，可以出院。靠著法蘭西斯神父幫助，孩子們重回母親身邊。神父設法爲一家人找了一間兩房（一間臥室，一間客廳）的小屋，這房子原屬於教會，後來租給郵差，他們也出一點錢搭伙，並請郵差家的提爾太太照顧全家。

一九〇四年夏天，可能是托爾金童年記憶中最有田園風味的一段時光，如畫的鄉村景致必然成爲日後「中土」的靈感泉源。他並不明白母親的病情有多麼沈重，還以爲她快要康復。隆納德自四年前離開他們在薩瑞霍爾的小屋之後，一直對它念念不忘，如今在伍斯特郡中心瑞德諾小村暫時的家，遠離了伯明罕的煙塵，就像天堂失而復得一樣。每個晴朗的日子，隆納德和希拉瑞都散步到森林裡，涉水溯溪，爬樹，畫畫，或者放風箏，其樂無窮。

那年夏天，兩兄弟和法蘭西斯神父益發親近。他常來拜訪他們，也和他們一起散步漫遊。他一來，總點起菸斗，托爾金長大之後說，他就是因爲看神父在陽台上含著櫻桃木菸斗，吞雲吐霧快活似神仙，因此自己才開始吸菸斗。

可惜好景不常。九月間，隆納德得回學校（而希拉瑞則繼續在家裡接受教育）。每天早晚隆納德由家裡到車站各要走半小時的路程，隨著秋天到來，希拉瑞得提著燈去車站接隆納德，兩人才能在蒼茫暮色中安然返家。

兩兄弟都不明白母親病情的嚴重性。梅波的糖尿病繼續惡化，十一月十四日她在隆納德和希拉瑞眼前昏倒。兩兄弟只能眼睜睜地看著母親昏迷不醒，雖然驚嚇害怕，卻無能爲力。六天後，和藹的提爾太太在樓下安慰兩兄弟時，梅波撒手人寰，得年卅四，當時在她身邊的只有法蘭西斯神父和梅波的妹妹梅伊。

# 第二章　兩個女人

對於母親英年早逝，托爾金從沒有完全原諒他的親戚。他認定他們因她改信天主教而排斥她，加重了她的病情，他痛恨親戚們在她亟需幫忙時，未能伸出援手。

這種想法有些是出於他因喪母而產生的痛苦，但他也的確有理由有這樣的感覺。親友對梅波改信天主教的反應，的確教梅波覺得憂愁苦惱，也可能使她的病況更加嚴重。托爾金的憎恨並沒有隨著時間而消滅。一九四一年，雖然距他喪母已經卅七年，但他在寫給兒子麥可的信中依然說，她美麗又聰慧的母親命運多舛，因爲皈依天主受到親友不公的對待，因而致命。他相信她如此早逝，就是因爲痛苦使然。

母親的死對托爾金人格的發展和他對宗教的態度，也有深遠的影響。托爾金到老年之際，曾表示早在母親去世前，他就深受天主教啓發。在一九六三年另一封寫給麥可的信中，他說：「打從一開始，我就愛上了天主教的七祕蹟——也因天主賜福，終身不敢或忘。」

或許這是眞的，但我們也不免懷疑托爾金一想起母親，就想到天主教，他把母親當成爲了自己信念和兒子福祉而犧牲的殉道者。對十二歲的隆納德而言，母親和信仰的關聯實在深遠。此後，他成了虔誠的天主教徒，而我們也發現，這樣的宗教信仰不但導引他的人生和事業生涯，也爲他的神話提供材料，並左右他寫作的方向。

梅波·托爾金的遽逝，在其他方面也影響她的兒子。隆納德一向活潑外向，這種性格終其一生皆然，成年後，他也很容易就能和任何人搭訕，但自一九〇四年十一月起，他的性格中也浮現了一道陰影。他一貧如洗，經常搬家，他看到並也了解祖父母對他親愛母親的敵意，而在遙遠的記憶深處，他也體會到喪父之痛。這一切雖使他在精神上能有很強的適應力，但母親的死卻不免喚起他心中深植的感覺，認定人的一切努力都是徒勞，人的奮鬥只不過是虛空。

這種想法有時在他心頭盤旋不去，把他推進沮喪的深淵，教他簡直無心工作。這種悲觀的念頭作祟時，他甚至無法和周遭的人溝通，即使是他的密友和家人亦然。他曾在這樣的情緒之下告訴朋友：「我們活在多麼可怕、悲傷、恐懼的世界裡。」

梅波下葬後幾天，托爾金的親戚還拿不定主意要如何安排隆納德和希拉瑞。梅波在死前才指定法蘭西斯神父爲孩子們的監護人，但他們不能住在教會裡，雖然他們也曾考慮過寄宿學校，但又因爲沒錢支付學雜費，不得不打消此念。隆納德雖然有獎學金，但並不包括膳宿，而希拉瑞也才剛通過入學考，成爲通學生。

幸而舅媽碧翠絲答應兩兄弟可以住在她伯明罕史特林街的房子裡。碧翠絲嫁給梅波的弟弟威廉，但他在姊姊去世前幾個月已經先撒手人寰，只剩碧翠絲一人住在還算寬敞的房子裡，有多餘的房間可供兩兄弟住。她是個嚴肅的女人，從不對任何人假以辭色，何況新寡的她還在爲丈夫的死悲傷不已。她讓兩兄弟住在她家的一間大房間，也爲他們準備三餐，但對他們和他們的所作所爲，卻毫無興趣。隆納德有一天到廚房，發現碧翠絲把母親的信件和私人文件全都燒成灰燼。碧翠絲並無惡意，這麼做只是反映出她乏味的性格。她認爲兩兄弟不會想要保留這些事物，因此把它們處理掉。

起先隆納德在新家裡很難受；他再一次回到伯明罕又灰又髒的市中心，離他赴鄉下前的舊家很近。由他的房間望出去，只見連綿不盡的屋頂，一個接一個的煙囪，窗下甚至連火車頭的景象也沒有。碧翠絲很少和孩子們說話，屋裡又黑暗又沈悶，尤其在梅波去世之後，冬日馬上降臨。沒有母親的頭一個聖誕節，是隆納德畢生所過最慘澹的一次。

然而孩子們還有另一面的生活。他們越來越仰賴教會和法蘭西斯神父。老實說，他們在教會待的時間，遠比在新家的時間還多。每天早上，兩兄弟一起床，就沿著街道比賽，穿過他們原來的學校——聖菲利浦小學，以及他們曾和母親在奧立佛路共住的老房子，再一頭衝進教會大門，和法蘭西斯神父一起作彌撒，吃早餐，接著要不是疾步快走，就是乘坐馬車趕上學。等四點下課鐘一響，兩兄弟就在校門口會合，跑回教會喝下午茶，和他們的監護人共度黃昏。

和法蘭西斯神父維持這樣溫馨的關係，使隆納德也一心嚮往天主教，更讓他下定決心要追隨母親的虔誠信仰，而不論是父親那方抑或是母親娘家，都沒有人對母親爲他們所作的安排提出異議。每逢假日，華特和梅波的妹妹梅伊就會帶著兩兄弟和他們的兩個女兒瑪麗和梅尤莉一起出遊，而他們的祖父母也歡迎他們往訪。

隆納德愛上學，這也讓他的心思另有寄託，他很受其他學生和老師的歡迎，對學習各個課目和運動都很有興趣，尤其喜愛橄欖球。一九〇五年底，托爾金不但得了全年級第一名，而且和比他小一歲的孩子韋斯曼（Christopher Wiseman）結爲好友。

韋斯曼和隆納德志同道合，他在學術上很早熟，雖然年紀比托爾金小一歲，但一九〇五年在學校學業上卻已排名第二。因此兩個男孩在學校裡一直保持友善的競爭，直到畢業爲止。他們倆都非常喜愛語言和自己的出身。幾年前曾教導隆納德中古英文之美的布瑞渥頓，覺得現在該是兩名高足學習盎格魯—撒克遜語文課程，也因爲他，這兩名學生才開始熟悉喬叟之前的文學，尤其是古英文的經典之作──《貝奧武夫》。

在漫長的夏日，沒有課業的壓力時，隆納德和希拉瑞終日待在教會裡，不過法蘭西斯神父也多方安排，每年帶他們出伯明罕城度個短暫的假期。他們最常去的地方是位於多塞特（Dorset，英格蘭南部）的萊姆雷吉斯市，他們總住在布洛德街舒適的三杯旅館。由旅館出發，沿著狹長的海灘漫步數哩，沿途探索潮池，或是在沁涼的水裡泡上一會兒。

法蘭西斯神父不只負有監護人之責，也代替了父親的角色，他們之間培養出一種特別的關係，他視兩個孩子如己出，常聆聽他們傾吐心事，他也尊重兩個孩子，因此他們和他無所不談，更甚於一般兒子對於親生父親。也因爲如此，所以法蘭西斯神父很快就知道，兩個孩子在碧翠絲舅媽的家裡深感鬱悶，並不快樂。

幸好他有替代的方法。教會裡的朋友福克納先生是本地酒商，他健談的老婆（她每周爲教會神父舉辦一次音樂晚會）在女公爵路上有一間大房子，地段比碧翠絲舅媽的房子好，正好二樓有間大房間空了出來，因此一九〇八年二月，兩兄弟就收拾好行李，向碧翠絲舅媽道了再見，再度搬了出來。

這對隆納德是好消息，在女公爵路上的這棟房子雖然外觀不甚出奇，布置嫌累贅，但比起死氣沈沈史特林街的房子來，卻乾淨整潔，氣氛愉快。福克納夫婦喜歡交朋友，房裡總是高朋滿座，音樂笑語四季不絕。福克納太太是極熱忱的音樂家，雖然她也想攀龍附鳳，擠進上流社會，偶爾也有點勢利，但她天性活潑，也喜愛托爾金兄弟。

除了友善的氣氛之外，福克納的家在物質生活上也比較豐裕，是兩兄弟所住過最舒適的環境。福克納夫婦甚至還有一名叫作安妮的女佣。隆納德雖然依舊懷念鄉村生活和薩瑞霍爾及雷德納開闊的田野，但在福克納這裡也如魚得水。他們才帶著包包搬到福克納家二樓，收拾停當，下樓晚餐時就發現還有另一名房客。就在他們正樓下住了一個年輕漂亮的女孩，名叫艾迪絲・布萊特（Edith Bratt），她身材嬌小，一雙灰色的眼睛，留著時髦的短髮。她十九歲，比隆納德大三歲，在他眼裡充滿了成熟的魅力。

艾迪絲和隆納德有很多共同點。她母親法蘭西絲・布萊特（Francis Bratt）五年前就過世了，她是私生女，不知道生父是誰。一八八八年，法蘭西絲赴格洛斯特郡（Gloucestershire，英國西南部）待產，於一八八九年一月廿一日生下艾迪絲，後來又回到伯明罕漢茲渥斯地區，不顧親戚的蜚短流長和責備，逕自撫養女兒。布萊特娘家富裕，因此艾迪絲生長的環境比托爾金兄弟優渥得多，她去上專收女生的寄宿學校，很小就展現出對音樂的天分。到她十歲，就很會彈鋼琴，原本很有希望進音樂學院就讀，但一九〇三年，她母親突然去世，一切計畫就此煙消雲散。她繼承了伯明罕的幾筆土地，所以有足夠的生活費自給自足。在福克納家，她可以自由地彈奏鋼琴，只要她選的是流行歌曲或輕快的古典音樂就好，因爲福克納太太受不了聽她練習彈奏音階。

艾迪絲和隆納德同樣都有不愉快的童年，也難怪兩人相處融洽，他們都覺得自己和對方同爲受害者，都曾歷經不幸，因此滋生惺惺相惜的情愫。托爾金後來常向孩子說，他和孩子的媽互相拯救脫離童年的苦海。

起先他們只是在福克納家裡打情罵俏，隆納德的房間就在艾迪絲的正上方，兩人只要趁著夜深人靜大家都入睡之際，探頭出窗戶就可以說話，他們還設計了祕密的呼喚聲，召引對方的注意。後來兩人到外面約會，騎腳踏車溜出去，到伯明罕的茶店相會，或是在附近的鄉村散步。他們坐在小溪邊或橡樹蔭下，相互傾吐期待和夢想，以及未來的計畫，逐漸地，到一九〇九年仲夏，兩人墜入愛河。

有一段時間，他倆的交往並未引人注意。希拉瑞當然守口如瓶，福克納太太、女僕安妮也都不會多嘴，但不久這對戀人在沒有長輩監護下私自約會的流言，依舊被崔爾屈太太散布開來，她是兩人常光顧茶店的老闆娘。有個周末她看到兩人約會，就把這事告訴教會的人，法蘭西斯神父得知隆納德私會少女，立刻插手干預。

這不是隆納德談戀愛的時機，他該在愛德華國王學校裡好好準備牛津大學的入學考，不應把心思花在艾迪絲身上。法蘭西斯神父很爲隆納德擔心，因此立刻把他找來，好好地訓了一頓。他嚴禁這孩子再和艾迪絲見面，隆納德不禁抗議，他愛上了這女孩，法蘭西斯神父則嚴詞表示兩人的關係應立即中止，如果三年後隆納德成年，依然對艾迪絲懷抱著同樣的情感，那時就能再續前緣，然而在那之前，隆納德非得遵照法蘭西斯神父的意思，專心準備入學考試。神父立即安排隆納德離開福克納的家，艾迪絲也要送去和卻爾頓納（Cheltenham，英格蘭西南部）的親戚同住。

隆納德很清楚，他非得聽從監護人的話不可。他對法蘭西斯神父又敬又愛，而神父也是他畢生中僅有的父親角色，何況他知道法蘭西斯神父這樣做是爲了他的前途，因此在理智上他絕對接受神父的安排，但另一方面，他也是個極重情感的孩子，要和鍾情的女孩一別三年，教他苦惱萬分。

就在這紛紛擾擾中，隆納德於一九〇九年夏末赴牛津參加入學考試。他搭火車前往，坐在考試廳裡盡了全力，但當天下午，就在搭車回伯明罕之前，他也擠在考試廳看板前張望，得知自己榜上無名，未能得到入學獎學金。

在回伯明罕的路上，托爾金一定覺得自己的一生已經完了，他失去了所愛的女孩，又沒通過入學考試——雖然他明年還有一次機會，但眼前的打擊卻很沈重。那年的聖誕節就像一九〇四年的聖誕節一樣黯淡，托爾金在一九一〇年元旦的日記上自憐自艾，悲嘆自己命運多舛。

新年並沒有帶來新希望，兩兄弟搬到離福克納家幾條街的新住處，隆納德得知艾迪絲很快就要被送走，覺得自己無法忍受相隔三年而未道別，因此他沒有遵守對法蘭西斯神父的允諾，要設法見艾迪絲一面，打算在鄉間流連最後一個下午。他倆約在距伯明罕很遠的一間茶店，兩人都沒有去過，隆納德帶艾迪絲上珠寶店，為她買了一只腕表，作為她廿一歲的生日禮物，艾迪絲則為他買了一枝筆，是他十八歲的生日禮。兩人立下盟誓，約定要真心相待，三年後再見面，重拾情緣。

但不知怎麼的，這次會面的消息又傳到法蘭西斯神父耳裡，隆納德被召回教會承擔後果，這一次神父暴跳如雷，對隆納德不顧他的反對私會艾迪絲深感傷心。托爾金雖力圖解釋他只是想說再會，但他的監護人不為所動，並且表示隆納德在廿一歲生日前，不只不得再見或再和艾迪絲說話，而且嚴厲警告兩人不得有任何形式的接觸，就連魚雁往返也在禁止之列。

托爾金大受打擊，也陷入痛苦的深淵，他在日記中一再地表達他的傷悲，還到女公爵路附近的街角站崗，希望可以見到心上人走過或騎車經過。他癡心祝禱能夠「巧合地」看她一眼，有一陣子他茶不思飯不想，滿心都是艾迪絲。

但就連偶爾看艾迪絲一眼這樣小小的心願，最後也不得不終止。法蘭西斯神父不知怎麼又得知隆納德去看艾迪絲，或許是有人造謠，但這回他真是動怒了，威脅要中斷他的學費，讓他無法繼續就學。

隆納德雖不得再和意中人接觸，但艾迪絲卻並未遭禁。她在分別前寫了最後一封信給隆納德，重申她對他的情感。隆納德受到鼓舞，因此在艾迪絲動身要搭火車赴遠地的當天，他又在街上遊蕩，一心盼望能看到她騎車經過。而他的確也排除萬難達成心願，看到未來三年不再能見到的女孩飛快地騎車往火車站，到切爾滕納姆展開新生活。

隆納德現在唯一能做的，就是好好用功。如果艾迪絲信守誓言，那麼他廿一歲生日一過兩人就可重逢，因爲他知道自己一定會忠實等待她。若他要有所成就，要出人頭地，得遂心願，就得按照遊戲規則，按部就班。

這段時光雖然痛苦，但卻也鍛鍊了托爾金的個性，他埋頭苦讀，全心放在課業上，對法蘭西斯神父就算有任何不滿，也很快就過去了——他明白監護人是爲了他好，只是他在教會裡無憂無慮的童年，現在已經被智慧的追求和高年級的密友取代。他對體育活動也更有興趣，雖然他身材瘦削，但卻被選爲橄欖球隊的隊長，他雖喜歡比賽，但一下子就被打破鼻子，舌頭也被咬傷。

他在愛德華國王學校成立了一個俱樂部，幾乎每天下課就在圖書館聚會，有時候則在伯明罕市中心企業街的「巴洛商店」喝茶。這群人自稱是「茶社」，成員共有四名男孩，人稱「圖書館員」，後來其中兩人認爲他們應該依聚會的地點，把俱樂部名稱改爲「巴洛會社」，經過一番爭議，最後決定取名爲「茶社，巴洛會社」（Tea Club,

Barrovian Society），或「T. C., B. S.」。

他們是當時最傑出的學生，不久都將為牛津、劍橋各學院增光。這群人包括韋斯曼，校長的兒子吉爾森（Robert Gilson），和一名年紀較小的男孩史密斯（Geoffrey Bache Smith）。每天下午他們在圖書館聚會時，就拿偷帶進來的爐子煮茶，大家都帶蛋糕或三明治，就著茶高談闊論，談他們共同的興趣——古代的語文和神話。他們讀《貝奧武夫》和《高溫爵士與綠武士》等古典文學經典，也聊古典樂和時事，並討論讀書心得、藝術，和文化。這個小圈子在許多方面都是日後「吉光片羽社」的翻版，後者以托爾金、魯益思及其他志同道合的牛津學者為中心，名聞遐邇。

一九一〇年十二月，托爾金回牛津重考，這也是他最後一次入學考機會，這回他覺得自己很有自信：他準備得很好，各方面都有長足的進步，回答問題也更有經驗。當天下午他在榜上看到了自己的名字，他已經通過了艾克斯特學院的考試，獲得獎助金，次年十月即可入學。

托爾金所獲的獎助金僅次於全額獎學金（他原本希望、也相信自己該獲得全額獎學金），獎助金每年可得六十英鎊，而全額獎學金可得一百鎊。再加上他因進牛津，可以由愛德華國王學校拿到一點公費，法蘭西斯神父又給他豐厚的零用金，因此只要他省吃儉用，自給自足不成問題。他實在太興奮了，不禁又忘記了對法蘭西斯神父的允諾，發了電報給艾迪絲，報告這個好消息，而她也匿名回信，向他道喜。

托爾金回到愛德華國王學校唸最後兩個學期，他覺得自己終於揚眉吐氣。他從未忘懷艾迪絲，而努力用功也的確讓他跨越了生命中的重大障礙。如今他只要再等艾迪絲兩年，到那時，他已經是牛津大學二年級的學生了。

# 第三章　牛津生活

伯明罕離牛津只有五十餘哩，但兩個城市卻有天壤之別。托爾金搭朋友的車抵達牛津，彷彿要昭告世人：他已邁向新的里程碑。因爲在當時，車子還是非常新奇罕見的玩意兒。當天天氣酷熱，托爾金和朋友雷諾茲（Dickie Reynolds）等了一陣子，卻連一個人影也看不到，原來其他學生都到河邊撐篙去了。

一九一一年，牛津大學的生活依社會階級區分，壁壘分明。在這裡，一心向上的年輕人認眞就學，發揮他們的智慧和毅力塑造自己的未來，但這裡也是貴族公子（偶爾也有千金）的遊樂場，年輕人知道他們可以混混日子，拿個學位，最後在倫敦找個工作，或是在軍隊或父親的企業中混個一官半職。中產階級和極少數的工人階級大學生則得靠獎學金才能就讀，他們大多努力用功，自成一類，而且幾乎不和上流階級的學生混在一起，後者多半上基督學院、莫德林（Magdalene）學院，和歐瑞爾（Oriel）學院。有錢的學生固然如魚得水，但同樣的，較窮苦的學生也能自得其樂。雖然兩個階層很少互動，但中產階級和公立學校出身的學生也像有錢學生一樣，學會喝酒吸菸，在宿舍裡和密友一起宵夜，有的學生嘗過鴉片和古柯鹼，甚至有些還初試雲雨滋味。

托爾金是典型的牛津中低階層學生，對他而言，在牛津體驗人生的自由，遠比學習和擴大智慧視野有更大的影響，只是他受的是傳統保守的教養，尊重各種各樣的權威，因此很晚才漸漸了解這樣的自由。

他開始吸菸飲酒，花在朋友身上的時間遠比讀書的時間更多，而且他花太多的錢享受並招待新朋友。就像其他學生一樣，每周六帳單都會塞進他的房間，最後不免入不敷出，因此在就讀一年後，他已經開始舉債度日，雖然這種情況在當時極其普遍，但他卻不免擔憂。

不過除此之外，還有更多的事讓他分心。他參加了辯論社、論文社、和方言社，就像在愛德華國王學校圖書館的T. C., B. S.社團一樣，教他如魚得水。

托爾金以往都生活在只有男人的世界裡，這當然也受當時社會規範所影響。唯有在長輩在場的情況下，未婚男女才能共處一室，而少數進牛津就讀的女同學也在只收女生的女子學院，如馬格麗特霍爾夫人學院或聖希爾達學院就讀，在托爾金和他的朋友看來，這是天經地義的事，他們延續毫無女性參與的青春少年時光，只有其他男性爲伴。托爾金雖然找到意中人艾迪絲，每當夜深人靜，高談闊論縱情飲酒的興奮一過，托爾金在俯看杜爾街的宿舍時依然思念她，但其他來自全國各地，由類似T. C., B. S.社團畢業的年輕人，卻只要其他男孩作伴，甚至私心裡認爲女人會毀了他們的志向。

不過至少對托爾金而言，這一切都和同性戀無關。他後來曾說他在入伍之前，根本不知道什麼叫同性戀。這整個男人世界反而更像玩牛仔和印地安人或海盜遊戲的小男孩，只是他們年已十八，不能再揮舞木劍或戴羽毛頭套（除非喝醉酒），因此挖空心思，在智慧的領域一較短長，感受一下菁英分子暈陶陶的氣氛。大部分和他們同年的青年都在工廠和辦公室裡汲汲營營，勤奮工作，而他們卻能過著愜意的生活，無須負擔責任。不論如何，這就是多少世代以來英國培養知識分子、政治和軍事監督人的方式。

當然，除此之外還有課業的重擔。托爾金很幸運又得到明師指引，萊特博士（Dr. Joe Wright）並非老派的牛津教授，他生於約克夏一個小鎮，六歲就被送到當地的羊毛工廠工作，沒有上過學，但到十五歲時，他發現了文字語言和寫作的世界，開始自修，並且上夜校學德文、法文，不久也開始學習拉丁文。十八歲的時候，他離開工廠，在他母親房子的空房間自設夜校，賺了點錢之後，他就赴歐旅遊，到海德堡拿了學位，最後取得博士學位。他精通俄文、古挪威文、古撒克遜語、古英文，及其他多種現代和古代的語文。回到英國之後，他以牛津爲家，最後應聘爲比較語言學副教授，可以說是適才適所。一八九二年（托爾金出生那年），萊特寫了《哥德語系入門》，後來愛德華國王學校的老師也把這本書送給托爾金讀。

萊特教學嚴謹，他督促托爾金甚嚴，不過托爾金很有語言方面的天分，萊特很快就發現他的高足熱愛語言，對文字音韻的起伏自有心得。托爾金先前在學校裡就受師長鼓勵，對拉丁文和希臘文很有研究，對古芬蘭語和挪威語也略諳一二。萊特教授帶領托爾金深入這塊奧祕的領域，指點他各種不同文化和不同時代的語言如何擁有相關的連繫、傾向和主題。

因此托爾金的大一生活飛快地過去了，這段時間可能是他自童年以來最快樂的一段時光，他也設法在歡樂和課業的壓力之間，取得巧妙的平衡。當然，他欠了債，但這在當時稀鬆平常，若是沒有欠債反倒奇怪。這一年裡他幾乎忽視了宗教，只偶爾上教堂，但他並沒有喪失對天主教的信仰和愛，而且他也獲得了明師的指引。若非對艾迪絲的思念，他的人生可謂完美，滿足和幸福感也達到極致。

牛津的生活雖然暫時讓托爾金忘卻被迫與艾迪絲分離的痛苦，但他對她的情感卻未稍減，在牛津的頭兩年裡，他時時都在計算離廿一歲生日還有多少日子，這個時刻終於到來，在他生日前夕，一九一三年一月二日深夜，他寫下自己夢想多時的信函，在信中再度傾訴對她的情感，並祈求在分別這麼久之後，能重聚在一起。

第二天，也就是他的生日，他一早就把信寄了出去，耐心地等著艾迪絲的回音，幾天後回信來了，然而他的希望和夢想卻暫時破滅了，因為信裡傳來了最壞的消息：艾迪絲不久前和別人訂婚了。

艾迪絲的未婚夫是個名叫費爾德（George Field）的年輕人，是艾迪絲同學莫莉（Molly Field）的哥哥。莫莉也住在卻爾頓納。雖然這個壞消息原本可能會讓托爾金死心，但艾迪絲在給托爾金的信中卻暗示，她並不愛費爾德，只是怕隆納德已經移情別戀，為免老處女的命運，只好隨便由自己的社交圈裡找個對象。

不過事實證明托爾金一直都在等著她，而且在經歷這麼長久的等待之後，他絕不會讓艾迪絲再次從他生命中溜走，因此一月八日，他搭火車趕往卻爾頓納去解決此事，艾迪絲在月台上等他，兩人長談到晚上，艾迪絲終於相信托爾金依然愛著她，於是她答應要退婚，重新敞開心扉接納他。

費爾德乍聽這個消息痛心疾首，因為他深愛著艾迪絲，即使他的愛未得到適當的回報。但艾迪絲鐵了心腸，她不理會鄰居的閒言閒語，也不睬長輩們的蜚短流長，只期待和三年前共立盟誓的年輕人攜手共創未來。

那年冬天，兩個年輕人都有難關等著克服。一九一三年的一月和二月，托爾金得苦讀，準備應付古典學位的第一次學位考試。他在學校的第一年努力不夠，這表示他得在兩個月內把原本該花一年學習的書讀完，再加上他爲了艾迪絲來回往返卻爾頓納，在在都使他分心。到二月底，他參加考試，結果不出所料，只拿到第二級。

托爾金的師長覺得非常失望，雖然要拿第一級極爲困難，但他們覺得任何拿了獎學金上牛津的學生，只要夠用功，就該輕鬆得到第一級的成績。不過托爾金的報告表現非凡，即使他整體的成績只得第二，但他最專長的科目，也就是萊特教授教的比較語言學，他卻寫出了完美無瑕的報告。閱卷老師非但給了他第一的成績，而且還爲他的傑出表現特別作了註記，因此由校長領銜的評議委員建議他改科就讀，由古典學改爲英國語言文學。

在托爾金看來，這再自然不過了。他對古典課程的主要研究課題——希臘羅馬文學研究並無興趣，反倒更著迷於日耳曼民族的古神話和用古挪威（或冰島文）寫的傳奇故事。英國語言文學雖然並非十全十美的課目，但對托爾金而言，卻遠比古典學更合適。在牛津，這還是一門比較新的課程，而且正如其名，分爲兩種不同的層面，一方面，學生學習自古迄今英語的結構和發展，另一方面，則閱讀並分析自十四世紀以來的文學作品。

托爾金的興趣只在語言上，他從未對「現代」文學流露出任何興趣。他覺得莎士比亞名不副實，也不喜歡他的劇作，他沒有時間讀詩人德萊頓（Dryden）和密爾頓（Milton）的作品，更討厭「現代」作家——十八、十九世紀的作家，而他們的作品卻成了牛津語言文學課程的必修科目。

幸而托爾金再度碰到才華洋溢、作風開放的明師希桑（Kenneth Sisam），這位原籍紐西蘭的老師只比托爾金大四歲。托爾金對他的第一印象是，他似乎乏味又內向，但後來卻發現他談起本行頭頭是道，教托爾金心儀不已。在必修課之外，托爾金對語言課程和文化與哲學間相互的關係仔細研讀，咀嚼回味，不久就證明他走對了學術之路，不但適合他的性情、興趣，也促使他走上語言學者之路。

另一方面，艾迪絲面臨的問題也絕不亞於托爾金面對考試和報告。爲了種種原因，小倆口還沒有把他們訂婚的消息公諸於世，第一，托爾金還不太敢讓前監護人法蘭西斯神父知道他和艾迪絲復合的消息，雖然神父如今不能再左右托爾金，但積習難改，何況隆納德可能也擔心神父不知對這樣的消息會作何感想。第二，托爾金還沒有向任何朋友談過艾迪絲，他在T. C., B. S的老友或是在大學新交的朋友，都對她一無所知。但之所以延遲這個消息，最主要的原因是他們得安排艾迪絲加入天主教會。

在托爾金心裡，艾迪絲改信天主教是毋庸置疑的事。他厭惡英國國教，因爲他覺得這是奪去他母親的罪惡淵藪。說來或許有點奇怪，雖然他打從心底厭惡其他家人對待他母親的方式，但他卻從沒有把他的憤怒表現出來，他依然和英克丹姨丈保持良好的關係，也常去看奶奶，或上外婆家。但他卻公開對他們所信仰的英國國教表示輕蔑。

艾迪絲算不上是虔誠的教徒，但改信天主教卻有其困難。第一，也是最重要的一點，她對天主教會毫無興趣。她自幼就信奉英國國教，天主教的儀式對她而言十分陌生。終其一生，她都不諱言自己厭惡告解，無法像托爾金這種虔誠教徒因坦白靈魂，使罪惡獲得救贖，而得到精神寄託。此外，她也厭惡嚴格的誡律，更討厭一大清早的彌撒。等到後來她健康情況不良之後，就斷然拒絕齋戒，也不再隨丈夫在清晨六時就起床作彌撒。

然而，艾迪絲也得面對同樣痛苦的俗世抉擇。她在卻爾頓納的房東正是傑索普叔叔，是她自一九一〇年寄居家庭的大家長，而他也是厭惡天主教的新教徒。艾迪絲心知若她要皈依天主教，必定會被趕出家門。雖然艾迪絲對宗教毫無興趣，但她在卻爾頓納貧乏的社交生活卻和當地的教會息息相關。

然而，艾迪絲知道若她要嫁給托爾金，除了遵從未婚夫的心願之外，別無他法。道理很簡單，因爲在隆納德心裡，艾迪絲改信天主教是必然的，他當然知道艾迪絲對此並不熱中，但卻覺得這是考驗她對他愛的方式。他無法想像自己要娶的對象不皈依母親的信仰。

他倆復合的關係建立在這樣的基礎上，實在很不幸，對兩人將共度的漫長未來並不是好的開始。艾迪絲當然不喜歡被迫皈依天主教，她忍耐這樣的過程，因爲這是一九一三年她這種階級女性所會做的典型反應，何況她深愛隆納德，他的前途光明，而且也眞心愛她。他深情款款，在許多方面也和她所認識的其他男士一樣體貼，艾迪絲很渴望和他共締鴛盟，在幽靜但乏味小城的老處女生涯不適合她，而且她也已廿四歲，韶華易逝。

思量再三之後，她覺得改信天主只不過是小小代價，因此在一九一三年春，她把自己的決定告訴了傑索普叔叔，果然不出所料，他叫她一找到房子，就立刻搬出去。

艾迪絲既已料到後果，因此事先就到處看房子，決定和她的表姊珍妮·葛洛芙（Jenny Grove）一起搬到鄰近的沃維克（Warwick）市。珍妮已屆中年，天生駝背。她們倆很快就找到臨時的居所，後來又搬到附近的小房子裡，艾迪絲在當地傳教士墨菲神父的教誨下，準備皈依天主教，只是不幸的是，這位神父對自己的工作也並不熱中。

六月學期結束後，托爾金就到沃維克來看艾迪絲和她的室友，到夏末，兩人終於可以共度第一個聖體祝福式。托爾金爲此深感興奮，也因兩人可以共同參與相同的宗教儀式而感到欣喜，他在日記裡對此大書特書，但艾迪絲對這點有什麼樣的反應，卻沒有留下紀錄。

艾迪絲和隆納德的關係之所以維繫，也因爲他們一開始交往就碰到各種阻力有關，雖然他們和其他準新人一樣相愛，但兩人之間也常爲細故爭吵。此外，他們已經分離很長一段時間，而在分離前的交往時期甚短，對對方所知並不多。更糟的是，在分離的這段期間，兩人已經走上不同的路。托爾金有其他男性朋友的陪伴，不管是T. C., B. S.的老友，抑或是牛津的新同學，都讓他找到新的天地，他已經嘗到單身漢自由的滋味，但最重要的是他找到了學術之路。

托爾金算是很晚才找到自己前途的青年。雖然他功課不錯，但他和艾迪絲住在女公爵路時，完全沒有想到自己會走上學術這條路。在和艾迪絲分別之後，他才在學術研究上出人頭地，也許有人會說，兩人分開，反倒讓他更能發揮自己的性格。

艾迪絲則無絲毫學術氣息。她小時候頗有音樂天分，但後來卻沒有好好發揮。她和未婚夫不同，沒有人鼓勵她，沒有人花時間或精力培養她的天分。等她和托爾金重逢之時，專業音樂家或甚至只作音樂老師的希望都已落空。

除此之外，托爾金和艾迪絲的個性也並不相合，她原是個獨立活潑的女性，只是被周遭的人扼殺了天性。她就像托爾金一樣，有個慘澹的童年，飄泊無依，沒有自己的家。她雖壓抑埋藏在心底的痛苦，但偶爾也會忍不住爆發出來，也因此在隆納德拜訪沃維克的小屋時，兩人常爲了細故大吵。

托爾金也發現，除了以感性和照顧的方式之外，很難向艾迪絲表達他的愛意。他在信裡稱她爲「小可愛」，把她的住所稱作「小房子」，過度保護她。他對戀愛這種不成熟的表現雖是因爲毫無經驗使然，但也深受他所讀的故事影響。莫斯利（Charles Moseley）就指出，托爾金就像其他許多人一樣，被羅曼史的文學作品牽著走：「當然，人人都受他所讀的東西影響。若你花幾天時間讀讀尊崇女士的書或詩作，視勇氣、誠實和榮譽爲男性尊榮的美德，那麼最後你也會抱持相同的看法。」

這一切都出於善意，但對長久以來都完全獨立自主的女性而言，這樣的作法一定教她覺得煩悶抑鬱。艾迪絲自然覺得很迷惑，她的未婚夫要她接受他的信仰，對她的音樂天分毫無興趣，也不願把他在學術上的心得或成就告訴她，但另一方面，他卻又擺出要照顧她的模樣，以不成熟的情感表達方式，教她覺得鬱悶難過。

或許因爲雙方的歧見，也或許要留點反省的時間，因此一九一三年夏，托爾金決定赴歐陸邊工作邊度假。他接受家教工作，要照料兩個墨西哥男孩，一起赴法國旅行。他們在巴黎和另一名少年及兩個嬸嬸會合，他們期待托爾金帶他們作一次文化之旅。

這原是個簡單的工作，但後來卻演變成大災難，還不如待在沃維克和艾迪絲吵架來得好一點。起先隆納德發現，他雖然能掌握比較語言學的精髓，寫出挪威語和安格魯撒克遜語複雜艱深的論文，但西班牙文卻一個大字也不識，因此簡直沒辦法和被託付給他的孩子溝通。

更慘的是，他很快就發現自己受不了法國食物，還發現他在法國，尤其是巴黎所碰到的英國同胞粗魯無禮，再加上他要教的墨西哥學生對法國文化興趣缺缺，反倒要托爾金陪他們去他認爲俗不可耐的觀光景點。托爾金勉強帶他們赴不列塔尼，原以爲可以藉著優美的風光、美酒佳釀安慰一下自己，沒想到他們最後卻走到海邊很像布萊克普爾的迪奈德市，在托爾金看來，此地簡直粗俗到了極點。

更糟的還在後頭，托爾金正帶著一個孩子和一名嬸嬸在小巷裡漫步，卻有一輛車子失控衝向他們，撞上了老嬸嬸，造成嚴重內傷，她在幾個小時之後死亡。

這眞是悲慘旅行的悲慘結局，托爾金好不容易作好一切安排，送嬸嬸的遺體回家，卸下重擔，踏上回多佛的船後，不禁發誓他此生再也不接這樣的工作。

過了這樣的暑假之後，一九一三年秋，托爾金開始在牛津的第三年學習，不禁鬆了口氣。雖然他和艾迪絲的關係時好時壞，依然教他苦惱，但現在有許多事讓他分神，他在牛津漸入佳境，也開始養成了許多奢侈的品味。靠著他在暑假賺來的辛苦錢，他買了時髦的新家具，用流行的日本畫裝飾牆壁，還買了整櫥的新衣服。天氣好的時候，他到奇爾維（Cherwell）河上撐篙，也定時打網球，另外，他被選爲辯論社長，還和其他一小群朋友共組西洋棋俱樂部，主要的活動就是在社員的房裡進餐，享用美食佳釀。

在此同時，艾迪絲在沃維克過著截然不同的生活。這是個美麗的城市，既有聲譽卓著的大學，到處都是年輕學子，遠比卻爾頓納活潑得多，但艾迪絲卻幾乎沒有什麼社交生活。她的室友珍妮是每個老處女的夢魘，雖然艾迪絲接到隆納德的信時，每每爲他逍遙自在的生活而更加氣短，但這好歹是愛她的人所寫，她不久也會嫁給他。珍妮是「專業老處女」，諷刺的是，雖然艾迪絲的生活沈悶無聊，但看到可憐的駝背珍妮和她所過的日子，卻不得不爲自己感到慶幸——雖然隆納德也有許多討人厭的習慣。或許除了她對隆納德的愛之外，也因爲這點，使她繼續忍受，撐過這一段日子。

托爾金似乎已經找到了自己生命的模式，而這樣的模式也將一直保持到他老年。他喜愛大學自在的生活，另一方面，他也有傑出的表現。雖然他常在深夜暢飲白蘭地，也常在黃昏撐篙，懶洋洋地由船底凝視著楊柳樹梢，但那年他卻獲得學院頒發的史基特英文獎，不久也得到第一級的榮譽。

一九一四年初，艾迪絲皈依了天主教，兩人刻意把皈依儀式訂在一月八日，以紀念他們復合一週年紀念。幾周後，兩人正式訂婚，由指導艾迪絲天主教義的墨菲神父見證。兩個儀式都在沃維克當地教堂進行，那是一棟乏味而醜陋的建築，但對隆納德和艾迪絲而言，環境並不重要。此時他們已然明白，兩人的關係絕非完美，但世上沒有任何關係是完美的。他們倆個性截然不同，也有不同的遠景和興趣，他們分別已經夠久，或許早已明白這樣的事實，但也找到可以快樂相處，相輔相成的辦法。

托爾金回到牛津之時，一定覺得欣喜莫名。教人驚奇的是，他一直沒有把自己和艾迪絲的事告訴牛津的朋友或其他老同學。現在該是把這消息告訴大家的時候了。他寫信給每一個T. C., B. S.的成員，而後者也很快地捎信來恭喜他。如今他已經和自十八歲以來就想望的女子訂婚，滿懷希望和信心地展望未來。對托爾金而言，那年春天必然充滿了希望，一片晴空，萬里無雲。就像當時每一個人一樣，他和艾迪絲，以及他每一個朋友，都不知道不久英國就會參戰，數以百萬像托爾金和艾迪絲的年輕人，即將步上不幸的結局。

# 第四章　結婚與戰爭

全英國再沒有比牛津更不受宣戰影響的城市。一九一四年暮春初夏，正當陽光開始露臉的時候，整個城市全都是大學裡的年輕人和他們的男性友伴。平底船滿滿都是人，考完試後開香檳的聲音到處迴盪，接著是夏日球季，然後，一如往年，城全空了。有錢的富家子弟不是回到鄉下的別墅，就是登上輪船飄洋過海；而像托爾金一樣靠獎學金就讀的一般子弟，則搭火車回到散居全國各地的家鄉，或是在夏日打工，多賺點錢，準備迎接十月間再度開始的社交生活。

然而一九一四年十月和校史上的其他十月大不相同，因爲政治和根深柢固的種族仇恨，將把整個歐陸捲入黑暗的深淵。一九一四年六月廿八日，奧匈帝國的王儲斐迪南大公及其夫人在薩拉耶佛遭塞爾維亞恐怖分子暗殺，掀起了滔天巨浪。奧地利政府立即指控塞爾維亞參與暗殺密謀，不到一個月，奧匈帝國就對塞爾維亞宣戰。

原本靠著十數個國家努力，好不容易才維持一個世代和平的歐陸，如今又因「政治骨牌效應」而陷入戰爭。奧地利的宿敵俄羅斯動員對抗奧國，這使得德國向俄羅斯宣戰，而俄國的盟友法國則動員支持俄國，使德國向法國宣戰，而與法國有協約關係的英國，則必須站在法國這一邊，也因此被迫加入戰爭，於是英國在八月四日向德國和塞爾維亞宣戰。

至一九一四年秋，原是牛津學生返校和師長共餐，並且在天氣變冷之前打幾盤網球的時候，如今他們卻都參加了訓練營，準備上法國戰場，而數以萬計的職業軍人已經參與了英國遠征軍，並葬送了性命。

戰爭開始之際，英國並無徵兵，但戰火一燃，迅即喚起了愛國心，因此到秋天，成千上萬的年輕人都志願從軍，不過這並不包括托爾金在內，他打定主意要先完成學業，因此選擇先返回牛津，要到次年夏天再服兵役。於是他在十月的第一個星期抵達杳無人跡的牛津火車站，發現學校幾乎空無一人，不免驚駭萬分。整個大學幾近關閉狀態，他先前的朋友只剩前一年下棋俱樂部所結交的柯利斯（Colin Cullis），後者是因爲資格不符，而遭軍隊退訓。

起先托爾金覺得在一片荒涼的大學裡，生活簡直難以忍受，他剛回學校幾天，就寫信給艾迪絲，告訴她他有多麼無聊難受，不過後來他和柯利斯決定要搬出死氣沈沈而空蕩的學校宿舍，兩人搬到離艾克斯特學院不遠的聖約翰街上同住，同時托爾金也加入軍訓團，可以在校園受軍訓，爲從軍作準備。他發現自己其實還滿喜歡軍訓，心中不免也感到訝異。

一學年轉眼即逝，由戰地傳來的消息卻越來越糟。一九一四年秋，整個社會都抱持著主戰的態度，認爲戰爭「到聖誕節」就會結束，但已經跨入一九一五年，一個月又一個月過去了，戰事陷入膠著狀態，雙方都在法國北部農地長達數十哩的壕溝裡部署了大軍，兩軍由幾百碼無人地分隔，攻防之間只差不到一哩。一九一五年春，軍需彈藥不敷所需，使戰火減弱了一陣子，但只不過是暫時罷了。光是在戰事的頭一年，僅僅西方陣線就已經折損了一百萬以上的青年，大家心裡都明白，一旦軍備補足，雙方再度開火，還會再奪走數百萬青年的性命。

牛津既已成了空城，托爾金就更能把心思專注於課業上。艾迪絲沈重地度過乏味的每一天，還得應付戰爭的種種禁制，而托爾金則埋頭苦讀。到一九一五年六月，他參加了英國語言和文學系的期末考，幾天後，他得知自己不但通過考試，還拿下第一。

不過他沒有時間慶祝，因爲他得參加軍訓團，再加上戰爭使旅行益發困難，因此他甚至沒有赴沃維克和艾迪絲共享他的榮耀，就得赴蘭開夏燧發兵團報到，擔任少尉的職務，而他在T. C., B. S.的朋友史密斯（G. B. Smith）也被分發在同一兵團。

即使是那個時候，戰爭的恐怖還依然遙不可及。西方陣線最近的戰場離牛津僅百哩餘，許多年輕人在蒙斯（Mons，比利時西部城市）和伊普爾（Ypres，位於比利時）戰死沙場，讓他們的家人悲傷不已，然而對一直關在象牙塔裡的托爾金，或是才剛開始受訓的年輕人而言，幾乎嗅不到什麼戰爭氣息。

如今全球新聞轉瞬之間無遠弗屆，很難想像當時音訊不通，消息傳遞既慢又少的情況。由於既無廣播亦無電視，報紙雖然有鉅細靡遺的報導，但等傳送至後方時往往已經事發多時，因此感覺遙遠不眞。即使戰死前線，屍體也就地掩埋，不像現在會以覆著國旗的屍袋運送回鄉。

當時汽油雖有限制，旅行往返也較不自由，食物價格飛漲，但居民所感受的戰爭氣息絕沒有二次大戰時那麼艱苦。一次大戰時英國都市幾乎未受空襲，人民僅見的士兵都是滿腔愛國熱忱的新兵，正準備搭船往朴茲茅斯、南安普頓或多佛，要不就是紮了繃帶，受到灼傷或肢殘，回英治療的傷兵。

在訓練營中，托爾金沒有什麼特別的任務，整天遊手好閒，只等派駐法國。他只管訓練演習，也蓄了八字鬍，並且上課聽講如何扮演軍官的角色，戰爭的方法，武器保養及如何看地圖等細節。在牛津，他過著一日三餐規律的生活，在世上最好的圖書館鑽研學問，享受交誼廳舒適的皮沙發和葡萄醇酒，如今卻落到艱苦的境界。在訓練營中，他交往的對象只有職業軍人和剛由農田、工廠徵來的新兵，也就是他將率領打仗的對象。知性談話、討論和反思的日子已經不再。在這裡，食物簡直難以下嚥，他只能睡窄窄的硬床，和大家共用漏水的簡陋公廁，最糟的是，這裡的生活無聊到無以復加的地步。

他勉強找到一點消遣。他和朋友集資買了一輛摩托車，輪到他用的時候，他終於找到機會到沃維克去看艾迪絲。這一次的拜訪和幾天的假期讓兩人快樂無比，如今兩人相處融洽得多，或許艾迪絲原本感受到的恨意已經被戰爭的苦難沖淡，他們心裡時時刻刻埋伏著陰影，因爲他們計畫共度的人生，可能很快就會被戰爭毀滅，讓一切都消失。

在這段期間，托爾金也爲他會花終生塑造的神話作了最初的註記。在由學校上戰場的過渡時期，《精靈寶鑽》的種子正在他心裡生根萌芽。

受了六個月的基本訓練之後，托爾金接受通信兵特訓。在廣播出現之前，通信兵使用的是摩斯密碼和旗語，托爾金也學會如何用沿著戰壕拉長線使用的戰地電話。

聖誕節到了，托爾金排除萬難和艾迪絲小聚，就在這次相會中，他們談到該訂婚期。隆納德可能很快就會被派駐國外，甚至可能就在新年，他們倆都知道在戰爭的前一年半，士兵上戰場，壽命可能僅有幾周。現在盟軍可能很快就會發動「大攻勢」，死傷慘重的情景，教人難以想像。

他倆爭論了一陣子，最後佳期訂在一九一六年三月廿二日星期三。托爾金一如往常，只在婚期前幾周通知了他的監護人法蘭西斯神父，因爲他覺得他可能會不同意。但這一次他是杞人憂天，因爲法蘭西斯神父非常高興，不但恭喜他們，也提議兩人到伯明罕奧拉托利教會舉行婚禮，由他親自主持。但隆納德已經作了安排，由艾迪絲在沃維克的神父——墨菲神父在市中心外觀醜陋的天主教會爲他們主婚。

他倆期盼這個日子已久。就像全歐洲其他成千上萬的新人一樣，他們不能擔保未來是否能白首偕老。這場可怕的戰爭已經摧毀了多少人的生命，還會粉碎多少人的希望與夢想。人生突然變得多麼脆弱，遠非他們童年時所期待，而每一個人除了把自己交託給上蒼之外，別無他法。

在此同時，托爾金已經升上中尉，還著軍裝拍了相片。他看起來和當時其他的士兵沒什麼兩樣。他的頭髮剪短，向後梳，左旁分，制服整潔乾淨。他留了八字鬍，五官鮮明——一字眉，鼻子英挺和顴骨突起。雖然稱不上英俊，但卻散發出智慧、正直和堅毅的氣息。托爾金的面容值得人信賴，但他的臉上依然留著時代的痕跡，流露出惶惑的神情。幾周後，他終於奉派前往前線。

托爾金所乘的交通船於六月六日在法國北部的加萊登陸，接著他由陸路前往位於艾塔普的英國陸軍基地，接下來三周，他不知道自己何時或將赴何處作戰，這在他是全新的體驗，什麼也不做，只是坐著飲茶、吸菸斗，聊天、閱讀，和等待。

這樣的時光既沈悶又緊張。由於缺乏資源，使沈悶無聊更加嚴重；因爲既沒有書，亦無報紙，就連想散個步，也因處處有狙擊手和地雷而不可行。托爾金和其他軍官相處並不好，許多軍官都是職業軍人，和他罕有共同點，而他們也把他當成玩票的小傢伙，不過是塞進軍服裡的大學生而已。托爾金比較喜歡和一般的士兵、步兵和二等兵爲伍，但軍規卻禁止軍官和士兵交誼，認爲這樣會破壞軍紀。

除了無聊之外，每一天日子都益發緊張。自托爾金接赴命令離開英國水域起，他就覺得自己飽受威脅，成爲敵人的目標。他當然聽過前線傳來的故事，誰沒有呢？基地營區經常有人出入前線，時時都有傷兵病患由此轉赴後方，每個士兵都有故事可說，都有幾哩之外恐怖折磨的報導。但壓力其實也來自沒有任何官方的消息，對戰爭計畫缺乏確鑿的訊息，再加上漫無目的的等待，而帶來最大的痛苦。

然而突如其來地，沈悶有了出路。命令下達，托爾金剛轉隸的第十一營要開拔前往東北前線。這可能是他們等待已久的「大攻勢」，盟軍的大反攻終於要開始了。

於是步調立即改變了。他們搭軍用火車前往法國北部索姆省的首府亞眠，位於巴黎北方七十五哩。由火車上看來，此地一片荒涼，杳無人煙，村落被盟軍和德軍相繼攻擊，再加上已經下了幾周的雨，戰場一片泥濘，由霧氣重重的車窗向外望去，只見零星的古堡和村莊一團混亂，百葉窗斜披在窗上，原本宏偉的黃銅門現在只混在凌亂而潮濕的斷垣殘壁中。

士兵們在火車上玩牌吸菸，車上煙霧瀰漫，空氣惡劣，背袋行囊堆在行李架和走道上，士兵們擦亮了他們的靴子，也把刺刀上了油，其他人則寫信給情人和母親。他們已經聽見就在不遠處，榴彈砲和迫擊砲轟隆作響，對大部分人而言，這可能是他們畢生最後一次乘火車。

他們待在亞眠的日子雨勢一直不停，全營朝離前線更近十哩處的雨貝布哈村進發，雨勢依舊沒有緩和的跡象。槍林彈雨的聲響越來越大，偶爾流彈擦過他們頭上，地雷和狙擊手的危險讓他們不得不保持警覺。

他們在雨貝布哈村逗留了卅六個小時，這裡一片破敗景象，斷垣殘壁間唯一的一條路也坑坑洞洞，車子和馬幾乎難以通行。全營在穀倉和燒得只剩骨架的建築物裡過夜，營區上用臨時屋頂遮風擋雨。

接著他們又朝前線前進，進駐鄰近的布辛村軍營，這裡幾乎已是前線，許多英國軍隊都聚集在此，在附近紮營。如今看不出布辛村的模樣，因爲子彈、武器、地雷和迫擊砲已經徹底地夷平了這個村落，軍隊搭起了小屋，讓包括托爾金在內的軍官進駐，其他人得在廢棄的房子裡忍受潮濕不平的床墊，原本村民深愛的家園如今死氣沈沈，被軍火彈藥摧毀。大部分的士兵則在田野或路旁露宿。

在後方，不論是軍是民，談起「大攻勢」都滔滔不絕，但在前線卻一延再延。就在四個月前，也就是一九一六年二月底，德軍在馮．佛肯海因將軍（General Von Falkenhayn）指揮下，突擊法國東北部馬士河（the Meuse River）畔佛丹（Verdun）的盟軍，使盟軍反攻的計畫延後，而在這四個月內，雙方都傷亡慘重，但到一九一六年七月一日，海格將軍已經決定要把兵力集中在五十萬大軍上發動反攻，希望一舉把德軍趕出法境。

史上稱此役爲索姆之戰。發動反攻的第一天，就有一萬九千名英國士兵命喪德軍機關槍下，六萬名步兵受傷，死傷者距他們準備時的壕溝僅有數呎之遙。這是英軍史上最大的單日傷亡，而究其原因，都是因爲海格將軍輕信情報，以爲德軍在先前的轟炸下，已經喪失火力。而其實，雖然盟軍轟炸，但德軍大部分的火力都毫髮無損。在當天死亡的一萬九千名將士中，托爾金的好友，也是T. C., B. S.的同志吉爾森（Robert Gilson）就在其中。

托爾金一直到兩周後才接獲他朋友的死訊。他的軍團是第一波上陣軍隊的替補（而吉爾森所屬的蘇佛克軍團則是第一波上陣的軍隊）。不過在戰役開始五天後，該是第十一營上陣的時候了。即使在此時，托爾金依舊留在布辛村，因爲他是B組的軍官，而先上陣的是A組。

托爾金由最近接獲的信件得知，他的兩個朋友吉爾森和史密斯就駐紮在離他不遠的壕溝裡，他雖猜想他們可能已經見識了戰爭，但卻得不到任何訊息。不過就在A組部隊赴戰場的那一天，史密斯卻隨其他奉准休息的部隊來到村裡。

他們一起喝茶，共敘舊情，一如當年他們在伯明罕愛德華國王學校霉臭的圖書館裡一樣，他們談起其他朋友的趣事，撫今追昔，這裡和他們幼時優雅的環境大不相同，整齊清潔的學童如今成了滿身泥濘的成人，書本已經換成了槍枝，而兩人都知道自己就處在風暴核心。

A軍離營三天後回到村裡來了，許多官兵已經死亡，還有一百人（三分之一強）受傷。周五，也就是他們出發後整整一周，該換托爾金的B組上陣。當晚他們摸黑扛起武器，戴上鋼盔，沿著泥濘的道路步出村子，朝一哩外的壕溝進發。

彎腰駝背，就像老乞丐背著行囊，
內八字，咳得像老嫗，我們邊踏著泥邊咒罵，
直到背向魅惑的搖曳火光，
沉重地邁向遙遠的睡鄉。

人們沈睡著行軍，許多人已經失掉了靴子
但一瘸一拐地行進，滿溢鮮血。
全都跛了；全都盲了；
因疲憊而顛來倒去，
聾得甚至連子彈落在後方的腳步也聽不到。

這是歐文（Wilfred Owen, 1893-1918，英國詩人，其詩表現對殘酷戰爭的憤怒及對犧牲者的哀憐，在一次大戰停戰前夕戰死）描寫一次大戰最有名的詩行，毋庸贅言，言語難以形容這樣的痛苦與折磨。

托爾金一行受命要攻擊大批德軍所占據的奧列佛村，他的許多同伴在發動攻擊後幾小時內就命喪黃泉，遺體被機關槍掃射得不成人形。托爾金和兄弟們一連攻了四十八小時，竟然除了割傷和擦傷之外沒有其他傷勢，只能說命大。接著他休息了數小時，再展開另一波十二小時的攻勢，最後才返回布辛村。

回到營地，托爾金只感到無比的疲憊，就在這時接獲了在他離開後不久抵達的一小紮信件，一封是史密斯寄來，通知他自索姆戰役以來和朋友就擔心的消息：他們的同學吉爾森已經戰死。

托爾金不禁崩潰。在戰亂中，他早已見到人們在他眼前死亡，聞過他們噴灑在他身上的鮮血，他也殺過人，但他從沒有失去任何至親密友，任何和他自己生命密不可分的人物。就好像他有一部分的過去已經麻木了。在死亡和毀滅中，痛苦一再地累積，如今又添上了新的傷痕。

因爲這樣的消息而麻木心死的托爾金一次又一次地回到戰壕，也一次又一次地安然歸來，但他已經體認到自己也有可能死亡。在吉爾森死前，托爾金一直覺得他和他的朋友總能逃過死神的召喚，他覺得他們的友誼，他們相互之間的愛，可以保護他們，庇佑他們，這種想法經常出現在被迫面對日常死亡的將士之中，有人覺得這是一種保護的妄想，是面對危險、恐懼和無盡悲哀的一種方法。

在一九一六年那可怕的夏天，索姆戰役如火如荼，托爾金也陷身其間。他八月間再度和史密斯見面，兩人談到已逝的老友都爲之神傷，他們也談起其他 T. C., B. S.的同道，韋斯曼已經入海軍服役。如今這兩人已經過戰爭鍛鍊，痛苦憤怒，雖然試圖打起精神，用輕快的舉止揮別憂鬱，但並不成功。這是兩人最後一次見面。

九月過去了，十月也過去了，戰火依然熾烈，即使寒冬到來，強風和冷雨橫掃過陰鬱的戰場，戰火依舊未曾稍歇，戰壕比以往更加泥濘，有時泥漿及腰，總是散發著臭氣，老鼠出沒。

難怪不論在索姆或是其他戰區，因發燒和種種怪病而倒下的士兵遠比受傷的人更多。各種發燒症狀綜合的名稱是「戰壕熱」，是蝨子傳播的一種細菌傳染病。一九一六年十一月，托爾金來到法國五個月後，也因此而病倒。

當時他正在一個名叫布維爾的村子裡，發了兩天高燒之後，被送往法國海邊勒圖圭市的醫院，一周後，由於他的病情未見改善，因此當局決定送他回英國。一九一六年十一月九日，托爾金發現自己又回到熟悉的城市——伯明罕。

艾迪絲立刻前來探視，醫師對他的病情感到憂心，他在醫院裡待了六周，但群醫束手。戰壕熱是重症，很多士兵都因此而死亡，尤其他們還有其他的傷。在抗生素發明和現代醫學進步之前，最好的醫療法就是好好看護病人，盡量讓他吃得好，補身體。

艾迪絲婚後立刻搬到斯塔福德郡大海塢村，因爲這裡離托爾金赴法前駐紮之處較近。她再度和珍妮表姊在這風景優美的村落裡租了一間小屋，自一九一五年迄今。到十二月的第三周，伯明罕的醫師認爲托爾金可以出院了，他就和艾迪絲搭火車赴大海塢村休養。

這對托爾金是非常放鬆愜意的一段時間，雖然在戰壕中的經歷依舊歷歷如繪，痛苦難當，而且他也一心以爲自己隨時都得再返回法國，但他和艾迪絲卻盡量享受這段可能僅是插曲的時光。他們盡量把戰爭的念頭拋諸腦後，但這當然不容易。天氣嚴寒，戰爭限用民生物資也使得生活並不舒適，燃料不足，飲食也簡陋，更糟的是，戰事毫無佳音。就在托爾金離開伯明罕之前，才聽說史密斯因爲榴彈傷口轉爲壞疽而死亡。如今，在大戰兩年後，T. C., B. S.的四名創辦人，只剩托爾金和韋斯曼兩人存活。

政治和軍事的安排使世情益發複雜。十一月，威爾森連任美國總統，十二月七日，正當托爾金在伯明罕休養生息之際，勞荷・喬治（David Lloyd George）當選了英國首相，英美之間的關係更加密切，傳言美國不久就會參戰，對抗德國。然而在一切的分析之外，大家依然感受到對戰爭的厭惡和反感，更難以壓抑未來可能比現在還更糟的念頭。那年聖誕節，這樣的念頭出現在許多歐洲人的心中，在大海塢的托爾金家裡，也有深刻的感觸。

爲了驅散這樣的陰影，艾迪絲彈鋼琴，托爾金則以她入畫，他們有時冒著刺骨寒風，裹上厚重的大衣，到屋外散步，或是坐在火爐邊談心，以往他們罕有機會如此。那個月艾迪絲懷了孕，兩人對這個消息都既喜且懼，他們能給即將出世的寶寶提供什麼？這是那個寒冬許多人心頭的疑問。

一月中，托爾金的病情似乎很有起色，但到下個月底他的病又復發，病了三周，才又康復到可以旅行的地步，這一次他奉派往約克夏的軍營，當局希望他能再受訓，重回沙場。

隆納德先動身，艾迪絲和珍妮隨後跟上，她們在海濱一個破舊而風大的霍恩西城租了房子，這個城就算在平常都已經夠乏味，如今更是蕭條沈悶，總是陰沈沈，密布晚冬的雲朵。

但托爾金才抵達訓練營沒多久就病倒了，這一次他的症狀是回到英國以來最嚴重的一次，因此被送到附近哈洛蓋特的療養院，在這裡調養之後病情好轉，幾周後再度進了訓練營。

這樣的情況在一九一七年春夏一再發生，他的病情反覆，有時嚴重，有時較輕，其間也有短暫的較好情況之時，但這樣起伏的病情不單讓托爾金吃不消，對艾迪絲也是重擔。一九一七年夏末，她已經大腹便便，酷熱的天氣教她很不舒服，而在霍恩西的住家遠非她和珍妮戰前所租的房子所能比擬，難怪她越來越消沈焦慮，到九月間，大家都認爲她該先回到卻爾頓納待產。

十一月十六日，托爾金夫婦的第一個孩子誕生了，是個男孩，取名約翰・法蘭西斯・魯伊爾。艾迪絲由珍妮表姐照顧，在療養院生下寶寶，托爾金頭一周沒辦法請假來看妻兒，但一等艾迪絲可以出院，她就帶著新生寶寶搭上往北方的火車，再度遷入暫時的住所，這一次是在一個名叫魯斯的小村落，很接近托爾金駐紮的地方。

此時英國人民全心期待戰事已經進入最後階段，盟軍很快就會獲勝。這樣樂觀是有原因的，因爲最近幾個月來，戰局已有變化。那年春天，美國已經向德國宣戰，軍隊、彈藥、軍備源源不絕運來歐洲，而在歐洲海岸和大西洋，已經和德國對陣三年半的英國皇家海軍，如今有了美國船隻之助，大大降低德國潛艇的威脅，讓原本遭切斷的貨運補給能夠再續。

美國加入戰局對戰況有舉足輕重的影響，也讓英國重燃希望，認爲盟軍不久就可突破德國防線。但對俄國和東方戰線，則依舊是未知數。約翰出生那天，由托洛斯基（Trotsky，1879-1940）和列寧所率的布爾什維克在莫斯科奪權成功，俄國內部動盪不安，他們爲了對抗德國已經損失了數百萬青年，新的領導人呼籲停戰。

魯斯村落是艾迪絲和隆納德的另一個避難所，是混沌之中的另一丁點快樂和平靜的泉源，他們終於可以期待隆納德不要再回前線，然而這樣的幸福依舊短暫，托爾金雖然沒有再被召到法國，但三月間，他卻奉派轉往南方七十哩，位於史塔福德郡龐克瑞吉的軍營，因此艾迪絲和珍妮再度帶著約翰轉赴南方，她們才抵達沒多久，還沒來得及整理行囊，隆納德就又奉派回約克夏。

艾迪絲實在難以承受這一切，她斷然拒絕再次遷移，寧可待在龐克瑞吉，而隆納德只能單獨前往霍爾，這回他又病倒了，被送往另一間醫院。

現在艾迪絲已經筋疲力竭，而在情感上也煩悶欲狂。托爾金斷斷續續生病已經有十八個多月，雖然艾迪絲因爲丈夫生還，算得上幸運，但自她丈夫返鄉後，她搬家已經不下六次，可以想見她的憤怒。由她這段時期寫給丈夫的信看來，她已經不想再掩飾自己的沮喪。她在一封信中說，隆納德返鄉後的這兩年，臥床的時間實在太多，今生恐怕都不會再覺得疲憊，口氣一本正經，絲毫不像玩笑。

不過最壞的情況已經過去，盟軍在戰爭最後一年依舊死傷慘重（戰地詩人歐文在德國投降前一周，率隊跨過山布瑞運河時，遭機關槍掃射而死）。但到一九一七年底，情況逆轉，一九一八年十一月十一日，盟軍最高指揮官佛克將軍（Marshal Ferdinand Foch）在法國鐵路支線火車廂上接受德國官員厄茲柏格（Herr Matthias Erzberger）遞交的降書，第二天，托爾金寫信給他的長官，要求派赴牛津，讓他能繼續學業，直到退役。

# 第五章　奇幻世界

托爾金迷都知道，他的「中土」故事舉世無雙。過去半個世紀以來，成千上萬本的奇幻文學故事都拜托爾金之賜而誕生，但沒有任何一套像《哈比人歷險記》、《魔戒》、《精靈寶鑽》，和《未完成的故事》那般自成一體。而這樣的獨特也有其原因。托爾金和其他現代作家不同，他在研究學術之餘，幾乎把所有的時間都花在「中土」的創作上，終其一生，大約是六十年的時光。可以說，他的內心世界，也就是「中土」的世界，就和他的外在世界一樣眞實。

但這宏偉的篇章，這另一面的現實世界，究竟是如何開始的呢？究竟是什麼影響所及，造成了這個作品？而托爾金又為什麼付出這麼多的時間沈浸其中，陶醉其內？

這些問題很複雜，有些方面也很難解釋，但我們至少可以跟隨托爾金的想法，找出它的根源和催化劑。

首先，我們可以審視托爾金的童年。我們已經知道他非常喜愛英格蘭鄉間的風光，這對他想像虛構的世界自然有所影響。托爾金就像一般的孩童一樣，幻想大地上有怪物和利嘴獠牙的猛獸徜徉，不過和一般孩子不同的是，這些幻像在他心裡如此清楚逼眞，因此他一開始寫作，就不由得受到這遙遠想像世界的吸引。在他不和弟弟希拉瑞玩遊戲的時候，他就創造虛擬的人物，作爲他的替身。所有的小說作家都會這樣做，但托爾金的想像世界在他年幼時即生根發芽，以他幼年時期的童話故事爲基礎，發展出非常複雜的另一個現實世界。等托爾金成年之後，他就以這個世界爲本，讓讀者發揮無比的想像力，創造出教人屏氣凝神，深信不疑的神話。

而托爾金之所以創造「中土」，也是基於創作神話的欲望。托爾金自一次大戰末期開始收集初步的材料，日後成就了他偉大的三部曲，當時他就想要動手寫他所謂的「英格蘭神話」。由他對古代語言及其文化的研究，讓他省悟到英國和冰島、北歐或中歐不同，英國沒有任何一套書面的傳奇傳世，因此也沒有完整的神話，古代英國文學如今只剩亞瑟王傳奇的斷簡殘篇，只能讓人一窺消逝已久的世界。如前所述，托爾金不喜歡莎士比亞（雖然有些人認爲他紀錄了神話和傳奇），而喬叟也未能啓發他。英格蘭沒有任何能和冰島神話《散文埃達》（*Prose Edda*，古冰島著名文學作品）匹敵的傳說，也沒有史詩《貝奧武夫》，更沒有芬蘭的民族史詩《凱萊維拉》（*Kalevala*，又譯《英雄國》），他覺得他有責任承先啓後，開創英格蘭的神話。

持這種看法的不只托爾金一人。福斯特（E. M. Forster, 1879-1970）在《綠苑春濃》（*Howards End*，一九一〇年出版，曾改編爲電影，中譯《此情可問天》）就曾寫道：「爲什麼英國沒有偉大的神話？我們的民間傳說在優美之餘，沒有更進一步的發展；歌詠我們鄉間風光的旋律，則全是透過希臘的笛子吹奏。雖然我們的想像力深刻眞誠，但似乎在這方面僅止於女巫和仙子，其他則別無發揮。」

然而，除了托爾金之外，還有誰能寫出這樣的作品？他是創造「中土」神話的理想人選，而這個作品的作者必須有活潑卻井井有條的想像力，同時還必須對語言有所了解。一般人聽說托爾金本業是學者，只有在夜裡或空閒時才寫小說，總不免吃了一驚。牛津的同僚在他出名之後，大概也會感到驚訝。但其實就是因爲這兩種技巧，使得托爾金可以創造出既奧祕卻又能自圓其說的幻想文化。因爲就如托爾金自幼就明白的，語言不只是文字而已。

研究語言，其實就是研究文化。奇怪的是，雖然托爾金是盎格魯—撒克遜語的教授，對這種語言及其他十來種語文的架構和細節瞭若指掌，但他的法文和西班牙語卻沒有比一般人高明到哪裡去。這是因爲托爾金的興趣全放在語言和文化之間。如《貝奧武夫》（托爾金自愛德華國王學校就熟讀的作品）之類的詩，能夠提供北歐人在西元七世紀時生活的資料和他們的想法。其實《貝奧武夫》和《散文埃達》所洩露的北歐人生活，就和任何考古學的發現一樣豐富。

因此托爾金由他對古代語文的研究開始欣賞神話的觀念，認爲神話是文化的記錄；也因此，他才可以創造自己的神話，描述虛擬的文化，形容純屬虛構的世界，而這個世界的根源就在於他幻想世界中各民族的語文。對托爾金而言，語言，尤其是精靈的語言，是他史詩的種子。

當然，對語言的著迷與鑽研，並非托爾金所需要的唯一特質，除此之外，還有另外三個因素也很重要。第一，他需要可以塑造語言，構思虛擬幻境角色的想像力；第二，他需要紀律，讓自己不斷地寫作；第三，他需要寫作的動機。

我們可以說，這幾個因素環環相扣，因爲若無動機，若無創造——或者如托爾金所謂「次創造」（sub-create）的內在欲望，我們很難想像有人會孜孜不倦，夜復一夜、周復一周、月復一月，甚至年復一年地這樣寫下去。

托爾金的動機何在？什麼促使他創造「中土」？爲什麼它會以這樣的形式呈現？

托爾金想創造「英格蘭神話」的欲望，根植於全英國並沒有可以稱爲屬於自己的文學史詩，但另一方面，也在於這樣的史詩是他做得到，是他所受訓練該要做的事。這樣的想法在他罹患「壕溝熱」返英休養時，浮現在他的腦海。

不過我們還要追溯這種靈感最初的泉源，回到T. C., B. S.時期。創辦這個小團體的四個人在愛德華國王學校的圖書館裡喝茶，每一個都對自己的聰明才智充滿了信心，雖然他們還不知道自己未來會從事什麼行業，只是天馬行空的亂想，但他們每一個人都相信自己將會成大器，做大事。

他們四人最後一次聚會是一九一四年聖誕假期，在韋斯曼父母家裡，韋斯曼的雙親才剛搬到一棟大宅邸內，在戰爭的陰霾之下，四名成員：韋斯曼、托爾金、史密斯和吉爾森這四名等待入伍的牛津劍橋高材生過了一個愜意的周末，他們高談闊論，或是互相鬥嘴。話題當然離不開戰爭，但他們也有許多其他共同的興趣；他們互相朗讀，討論文學、藝術和政治，就像當年穿著校服一樣，只是現在大家各自開始找自己的道路，自己的方向。就在那個周末，托爾金發現自己想要寫作。他還不知道自己會有什麼成就，不過他認爲自己該寫詩，只是他對現代詩興趣缺缺，自然只有從古詩著手。

接著戰爭來臨，死亡逼近。不到一年，四名好友中就有兩人——吉爾森和史密斯死亡，倖存的兩人——韋斯曼和托爾金難免深受打擊。就在史密斯受致命傷前幾天，他寫了一封信，描述他對吉爾森之死的感觸，他深受震撼，但卻覺得這不該讓他們的小團體崩潰。史密斯認爲，倖存的人——能夠安然度過戰爭的人，應該代表全體成員，繼續

T. C., B. S.的薪火，說出死者未能說出的話語，成就死者必然會引以爲傲的成就。

這封信對托爾金有深遠的影響，史密斯去世之後，這封信的意義更加深重。就在幾天之內，托爾金就動手，爲T. C., B. S.，爲吉爾森和史密斯，整理出他個人史詩和英格蘭神話的初步資料。

如果這是托爾金著手「次創造」的動機，那麼我們又該由哪裡了解托爾金後來遵循的方向？他是語言學者，是古文化和神話的學生，這當然對他採用古神話的形式有所影響，但他起先爲什麼會對古神話和語言產生興趣？

要回答這個問題，我們必須讓時光再倒流更遠，回到T. C., B. S.之前，到托爾金更早期也更深愛的對象——他母親梅波。

在托爾金一生中，一股持續而強大的力量就是他對母親的愛，他深信她之所以早逝，是因爲皈依天主教而不見容於親友之故，因此反而加強了托爾金自己的信仰，使宗教成爲他生命中最重要的寄託。

托爾金在喪母之際開始對語言和古神話產生興趣，也絕非偶然。有沒有可能托爾金在下意識中厭惡天主教，厭惡教會奪走他的母親？是否因爲這樣，讓他去追尋非基督教的天地，而追尋一個完全異教的領域，根本就沒有正統西方信仰的存在？

托爾金的神話中，最引人矚目的，就是它描述的是沒有基督教的世界，就像它所依據的古傳統一樣。「中土」的世界依基督教的說法，是「墮落」的，卻一直未獲救贖。也就是說，這是托爾金幼年時期的世界，發生在他母親還未皈依教會的時間、地點，或許是薩瑞霍爾，也或許是布隆泉，是他母親依舊年輕健康，是他們還同在一起的世界。在托爾金的潛意識中，每天晚上他展開手稿，把紙裝在打字機上，或用墨水和水彩繪畫插圖之時，他就回到更快樂、更純眞的時光，回到母親的懷抱。

怎麼能怪他呢？還有什麼動機比這更有力？這樣的假設無損於他的魅力，也並不玷辱他偉大的成就。母親的死和這背後的原因，讓托爾金在潛意識中有了寫作的動機，終其一生，他可能都未明白這點，但光是這樣並不能創造出「中土」。托爾金可能發現在書房裡寫作直到深夜，就好像回到幼年，因而獲得內心的力量，但他依然得塑造出整個神話，創造出教人深信不疑的角色和情節，再把龐雜的材料改頭換面，創作成可讀的作品。

如果我們明白托爾金完全憑一己之力塑造這一切，就會更加讚嘆他的傑作。他非但沒有任何出版商贊助，也沒有任何理由相信除了親朋好友之外，還有誰會讀他的作品。同時我們還得記住，他的創作是前所未有。

如果就受全球讀者喜愛的程度而言，奇幻文學如今可謂大宗，但托爾金寫作那時，「幻想小說」（有些人稱之爲「浪漫史詩文學」）根本微不足道，往往和剛萌芽的科幻小說混爲一談。

其實奇幻文學自有其源遠流長的歷史。究竟誰是這種文體的開山祖，一直都有爭議，就像大家對於奇幻文學的構成要素，和它與科幻小說的差異，也都爭論不休。西元二世紀希臘的盧奇安（Lucien, 120-180，古希臘作家），大概可以算得上是奇幻文學的宗師，他的《盧奇安諷刺詩》可能是奇幻文學留存於世的最早作品。到十五世紀，英國政治家摩爾（Thomas Moore）把盧奇安的文體發揚光大，創作出《烏托邦》，爲許多人所模仿，包括義大利的異教徒坎派尼拉（Tommaso Campanella），後者因寫作《太陽城》，而遭宗教審判，受盡苦刑。

除此之外，還有最有名的奇幻文學作品，那就是史威夫特（Jonathan Swift）在一七二六年出版的《格列佛遊記》，其中主角遠離作者十七世紀英國舒適的生活，到遙遠的地方去。史威夫特才華洋溢，他名聞遐邇的作品雖有許多仿作，但罕有人成功。不過十七、十八世紀以降，卻有許多重要的作品，可以被歸類爲奇幻文學，這其中包括何柏格（Ludwig Holberg）的《地心探險記》，伏爾泰（Voltaire）的《小宇宙》，當然還有瑪麗・雪萊（Mary Shelley）的《科學怪人》。

對後世影響深遠的另一位奇幻作家是史考特（Walter Scott, 1771-1832，蘇格蘭小說家），他在十九世紀初寫的小說，把現實和幻想混合在一起。如今史考特以騎士故事聞名，尤其是一八一九年出版的《劫後英雄傳》（*Ivanhoe*），還有《威弗利小說》（*Waverleynovels*），包括一八一五年出版的《蓋伊・曼納林》（*Guy Mannering*），一八一六年的《古物商》（*Tahdistalukija – The Antiquary*）和《黑侏儒》（*The Black Dwarf*）。他是傑出的學者，對小說的細節也極爲考究，以古英國爲背景，塑造出動人的故事。即使在廿一世紀的奇幻文學中，依舊可以看到史考特式的寫作方式：把背景安排在中世紀的另一個世界。

一世紀之後，隨著科技時代的來臨，讀者對科學小說和某些較罕見的奇幻小說產生了興趣。維爾尼（Jules Verne, 1828-1905，法國小說家，著有《海底兩萬里》、《環遊世界八十天》等）和威爾斯（H. G. Wells，著有《時間機器》）是當時這種文體最典型的兩個例子，但他們的作品和奇幻或浪漫小說截然不同，因爲他們寫的是可能存在的世界，科技和發明在他們的情節中，扮演了重要的角色。奇幻文學和科幻小說在此分道揚鑣，因爲奇幻文學的作者並沒有以未來科學發展爲主題，而把他們的故事設在和「現實」完全無關的另一個世界裡。

二十世紀初最重要的奇幻文學作家是愛爾蘭的鄧薩尼爵士（Lord Dunsany, 1878-1957）。他在伊頓受教育，後來和愛爾蘭詩人葉慈（W. B. Yeats）結爲好友，畢生寫了七十本書。他和托爾金一樣是學者，在雅典大學擔任英國文學教授，利用空閒時間寫小說自娛。他的第一本書《培根納之神》（*The Gods of Pegana*）於一九〇五年出版，收錄了多篇短篇奇幻故事，接著他又寫了包括《威勒藍之劍》等小說。就是他首創「在我們所知的天地之外」一詞形容他所寫的文體，描繪任何事都可能發生，塵世的法則未必適用的世界。

托爾金當然讀了許多鄧薩尼的書和故事，但並沒有記下他對這些作品的感想。他年輕時很愛看這些書，但後來卻覺得它們膚淺而且不夠注重細節，他最常抱怨的就是鄧薩尼對取名字不夠用心。托爾金自己下了一番苦功，確定他所用的所有名字都符合語言學的規則，他對於鄧薩尼隨便捏造一個名字感到不滿。

不過鄧薩尼的故事依然留在托爾金的記憶裡。比如鄧薩尼描寫妖精「一如傳言，只吃人」，或是故事主角和蜘蛛面對面，或是在鄧薩尼最好的故事《精靈國王的女兒》中，主角遠赴他方，帶回了精靈國王的女兒。

但除了鄧薩尼之外，還有人對托爾金有更大的影響，托爾金自己也樂於承認的，那就是莫里斯（William Morris）。莫里斯生於一八三四年，父母是傳道者，家境富裕，非常溺愛孩子，讓他成了小霸王。他七歲時迷上中世紀精神，凡是和騎士、遊俠和英雄事蹟相關的事，他都著迷不已，主要是因爲他愛看史考特的作品，尤以威弗利系列故事爲然。這樣的興趣後來發展爲迷戀，他九歲時，疼他的爸爸甚至還幫他買了一隻小馬和一套小甲冑，讓小莫里斯能夠在家附近的艾平森林中過騎士的癮。

莫里斯好學不倦，也極富創意。他對藝術、書本和歷史都有興趣，等他年紀漸長，他的興趣也由角色扮演轉爲創作。他的學業成績優異，一八五三年上牛津艾克斯特學院，比托爾金早五十八年。原本他打算研讀神學獻身教會，但後來卻轉投藝術，因爲他父親去世，他繼承了九百鎊的年金，不必工作，就足以過舒適的生活。

莫里斯受喬叟、濟慈（John Keats, 1795-1821，英國浪漫詩人）和丁尼生（Alfred Tennyson, 1809-1892，英國桂冠詩人）的影響，他的小說雖充滿中世紀的意象，但卻加進了完全出自他創造的另一個世界。他成爲後來所謂「拉斐爾前派運動」（Pre-Raphaelite Movement）的主將，和羅塞提（Dante Gabrielle Rossetti, 1828-1882，英國詩人、畫家）、布恩—瓊斯（EdwardBurne-Jones, 1833-1898，英國畫家和工藝設計家），和史溫本（CharlesSwinburne, 1837-1909，英國詩人，文學評論家）相交甚篤。他最初發表的作品是於一八六一年所寫，名爲〈俗世天堂〉的一首詩，後來在一八六〇年代末期，他對冰島神話產生濃厚的興趣，並且發表了兩個古冰島故事的翻譯作品〈岡隆蟲舌傳說〉和〈強人葛瑞特的故事〉。

到一八七〇年代中期，莫里斯已經融合了他對中世紀主義終生的興趣，和英國騎士傳統以及他對古神話的了解，創作出兩本小說《西古德》和《尼布隆之衰敗》，接著推出的是他最有名的作品《伍爾芬之屋》（一八八八年）和《遺世森林》（一八九四年）。兩年後，他發表了《世界盡頭之井》，長達千餘頁，一直到托爾金推出《魔戒》之前，是奇幻文學最長篇之作。這本書裡也包含了一些英雄小說的成分，後來被托爾金用在他自己的傳奇史詩裡。莫里斯鉅細靡遺的故事背景很像中世紀時英國西北部，但就像「中土」一樣，它沈浸在魔法裡，沒有任何基督教的蹤影。

後來這一系列的作品對托爾金而言十分重要，其實托爾金是在一九一三年，他在艾克斯特的第三年，才發現了莫里斯的作品。那年秋天他獲頒英文史基特獎，五鎊的獎金裡有部分就是用來買一套眞皮精裝的《伍爾芬之屋》。

莫里斯顯然深深影響托爾金和他優美的文體，下面這段出自《遺世森林》的引文可以讓我們了解，他的寫作和托爾金更重詩意的創作——尤其是《精靈寶鑽》的某些段落，創造出類似的「感覺」。

「他看到那裡有一艘大船，是他先前所未見，船上的小船已經放了下來，坐在槳邊的人也準備把小船拖出來，繫船的繩索已經解開，水手似乎在等待什麼人上船。華特就懶洋洋地站在那裡看著這艘大船，這時，看哪！人們越過他走向跳板，共有三個人；首先是侏儒，全身暗棕色，看來很可怕，長了長長的手臂和超大的耳朵，犬齒外露，就像野獸的獠牙，他穿著黃色的絲質大外套，手裡拿著一把彎曲的弓，腰上繫了一把大石斧。他身後是位少女，年紀很輕，可能還不到廿歲，嬌顏如花，灰眼棕髮，雙唇豐滿紅潤，身材窈窕，舉止輕盈。她的衣著簡樸，綠色的短袍，可以看見右踝有個鐵環。排在最後的是個貴婦，高傲莊嚴，容顏璀璨，美豔不可方物……」

當時還有其他作家也在耕耘奇幻文學，比如以《所羅門王的寶藏》聞名的哈格德（Henry Rider Haggard）、揉和奇幻和科幻小說於一家的包洛斯（Edgar Rice Burroughs），和著有《曼紐爾生活傳》的卡貝爾（James Branch Cabell）。卡貝爾和莫里斯一樣，創造了以離奇幻境和神話傳統取代傳統宗教的世界，因而引起軒然大波，其中《朱根，正義喜劇》還被禁多年。

和托爾金同一時代最重要的奇幻作家是英國的艾迪森（Eric Rucker Eddison）。一九二二年，他發表小說《奧洛布洛斯蟲》，書中主角李辛漢來到名喚墨袞瑞斯的另一個世界，爲了要調停諸多部族的紛爭，而發展出史詩般的故事。

托爾金自稱直到一九四〇年代才讀到艾迪森的作品，而且斷然否認《奧洛布洛斯蟲》對他的創作有所影響，的確如此。《魔戒》和艾迪森的作品除了背景之外，毫無相似之處，兩人的作品都設在自給自足的另一個現實世界。值得注意的是，艾迪森就像莫里斯和托爾金一樣，對北歐的神話很感興趣。一九二六年，他出版了一本維京人的小說《強人史提畢恩》，而就像前輩莫里斯一樣，他也翻譯古冰島史詩《伊吉爾故事》。

托爾金多次和艾迪森在牛津見面，因爲只要他在城裡，魯益思就會邀他參加「吉光片羽社」的聚會，但據托爾金的回憶，艾迪森惹人討厭，而且老是氣勢洶洶，說托爾金的作品「太嫩」。不過托爾金也表示艾迪森很可能是當代最好的奇幻作家。

這些都是托爾金的前輩，他是莫里斯迷，也喜歡史考特和鄧薩尼的作品，他或許讀過史威夫特，並且翻過如維爾尼、威爾斯等包羅萬象科幻作家的作品。他沈醉在北歐神話傳統和德國傳奇故事之中，同時模仿《貝奧武夫》、古英文、中古英文片段的背景。他熟悉喬叟，對莎士比亞興趣缺缺，對當代作家（由喬治・艾略特 George Eliot 到狄更斯 Dickens 到 T. S. 艾略特 T. S. Eliot）也頗不以爲然，而他自己的文思則主要是在於語言的創造和文化、傳說的次創造，以偏遠民族和神話生物的傳奇爲基礎。

一切都始於一九一四年，在托爾金最後一次和 T. C., B. S. 成員聚會前，他已經開始嘗試創作韻文，最早的作品稱作〈晚星埃蘭迪爾之航〉，詩中描述水手埃蘭迪爾的故事，也初次提到韋斯特蘭，也就是日後在《精靈寶鑽》中，長生不朽者所居的極西樂土。托爾金的詩不論氣氛或意象，都和一組盎格魯—撒克遜詩〈西尼渥伏基督〉很像，在〈西尼渥伏基督〉中，也是由名爲埃蘭迪爾的天使擔任主角。這一組詩是托爾金前一年研究的作品，是他的必修課，而他的〈晚星埃蘭迪爾之航〉也顯示出托爾金想像的宇宙和北歐神話作家的作品有密切的關聯。

托爾金對他的作品沾沾自喜，立刻就想要把詩中主題擴展到更寬廣的傳說，甚至寫出一系列相關的故事。一直到一九一五年初，托爾金已經寫了多首詩歌，起先他覺得很難把這些詩和〈晚星埃蘭迪爾之航〉的主題連結在一起，於是他設了許多想像的場景。他寫〈老戴伊的海吟〉，試圖以華滋華士的寫實風格入詩，不過不太成功，他的好友韋斯曼勸他掌握語言，學習控制表達的方式。接下來，托爾金著手寫情詩談艾迪絲，由於他接納了韋斯曼的建議，採用較平實簡潔的風格，因此比較成功。接著他又寫了一首名爲〈月上的人太快下來〉的詩，多年以後在他的文集《邦巴迪爾的冒險》中發表。到一九一五年初，他覺得有信心爲艾迪絲寫點東西，是一首輕鬆幽默的小調，名爲〈小精靈的腳〉。

不過托爾金最有趣，最有創意的作品依然是以〈晚星埃蘭迪爾之航〉中一個故事發展出來的作品，此時他已經花了幾年時間鑽研他所謂「無稽的仙子語言」，成了後來龐大壯觀語言系統的基礎，最後發展爲兩種精靈語，一種是「昆雅」語（精靈的日常生活用語），另一種是其他「中土」精靈群所用的「辛達林」語。等到他發現可以把精靈的形象和源自〈晚星〉一詩且發揚光大的想法相結合之際，一切都各得其所，「中土」的神話和世界的三個紀元也開始成形。

到一九一五年春，托爾金一邊準備牛津的期末考，一邊也開始寫〈埃蘭迪爾之歌〉，敘述水手埃蘭迪爾赴維林諾的行程。他在維林諾發現兩棵樹，一棵生金果子，另一棵生銀果子。這首詩和托爾金後來發展成名著的敘事作品關係不大，或許只和精靈王子所唱的歌有關，不過這卻讓托爾金走上正確的方向，開啓了無限的可能。

一九一六年始於歡喜，托爾金和艾迪絲有情人終成眷屬，但隨後隆納德就開始走衰運，發生一連串的挫折，先是他寄詩稿給出版商希威克與賈克森（Sidgwick and Jackson），卻遭退稿，接著他的生活起了劇變，學業暫時中斷，由軍事訓練和戰爭取而代之。在索姆的戰壕之中，他體驗到了絕望和恐懼。原本充滿期待希望的一年，最後卻以處處死亡和病痛作結，未來完全沒有指望。

托爾金從未提到，自己在戰爭的空檔或是在任務之間漫長無聊而焦灼的等待時，是否有繼續提筆寫他的神話故事，但他的心思卻一直在擘畫和想像。戰爭，尤其是兩名好友的死亡，凝聚了托爾金的想像，讓他回到英國之後認眞地動筆。我們可以想見，他在索姆戰役的所見所聞，對他日後的作品有深刻的影響。

後面我們會再細談托爾金在戰時的經驗，如何影響他故事的情節和角色，這些細節非但對他的成功舉足輕重，而且壕溝戰的流血、痛苦和野蠻殘暴，也讓他的作品如鋼一般堅強。

戰爭對托爾金的傷害，一如對喬治・歐威爾（George Orwell）和威廉・高定

(William Golding，著有《蒼蠅王》)等其他作家的傷害一樣，這些人在法國的見聞終生如影隨形，深深刻在他們心版上，這些影像在數十年後冒出頭來，以新的形式投射在書頁上。歐威爾在《一九八四》中描繪了難以形容的殘暴，而高定則在《蒼蠅王》暴露了存在於每個人心中的黑暗面。托爾金以他獨特的方式想像另一個天地，讓黑暗與光明互相爭鬥，極惡與極善互相抗衡。於是趁著他在英格蘭休養的那段時間，趁著他心頭對地獄和英雄主義的印象還鮮明的時刻，他開始了眞正的作品。

這個作品開始時的背景，和索姆的泥濘骯髒截然不同。艾迪絲自一九一六年初就搬去的大海塢，也就是托爾金安靜休養的地點，那如詩如畫的田園景象，提供了絕佳的故事背景。

我們在最後一章將會提到，托爾金和艾迪絲在這段時間遠比以往更加親密，這或許是他們一生中，唯一一段不和其他人共享情感的時光，他們沒有工作的義務，而且頭一個孩子也還沒有出生，難怪《精靈寶鑽》書中揉和了浪漫、英雄主義，和悲劇，因爲這些在一九一六年後期，都是托爾金心裡的主要力量，而浪漫的原動力在於艾迪絲，英雄主義和悲劇則源自大戰。

托爾金給自己買了一本平價的筆記本，在書皮上寫上「失落故事之書」，立刻在其中塡滿各種故事、詩歌、素描、和「次創造」的細節片段，這些都是他自己的神話。第一個完整的神話是「貢多林之陷」，這場血腥的戰役後來也成了《精靈寶鑽》的情節，描述主角埃蘭迪爾協助精靈和貢多林的人民對抗極惡的魔苟斯。

整個故事全都源自壕溝裡的記憶，通篇都是英雄主義和悲劇，而托爾金也藉著這個完整的敘述，塑造了整個史詩的大綱。他在一九一七和一九一八年孜孜不倦的創作，讓整個作品有了雛形。

「失落故事之書」或者說《精靈寶鑽》，其實是以傳統的「傳奇」形式爲本，是善與惡互相爭鬥的故事。故事始於第一紀元，精靈王子費諾製作出三顆偉大的寶石，也就是精靈寶鑽，這些寶石蘊含著來自維林諾兩樹的光芒，照亮了不朽之地，深爲精靈和維拉（爲獨一之神「一如」工作，建構世界的神）所愛。這三枚寶石實在太美，使維拉之一，也就是後來變節的魔苟斯（可謂異教的惡魔）垂涎三尺，最後忍不住誘惑，偷了寶石，逃到「中土」，而且在臨去之時還惡意地毒死了兩棵樹。

精靈們對這個惡行憤怒不已，他們立刻追擊魔苟斯，要取回寶貴的精靈寶鑽，因而展開一連串的戰爭，創造出一系列的傳說和故事，包含了龐大衆多的角色，人和精靈同心協力，奮鬥了數個世紀，就是爲了奪回費諾巧奪天工的作品。

《精靈寶鑽》基本上是非常哀傷的故事。精靈（諾多）一直未能眞正贏得戰爭，貢多林之陷只不過是其中一小段情節。最後，在歷經痛苦折磨與嚴重的損失之後，維拉終於憐憫諸多，降臨「中土」，接著是慘烈的戰爭，維拉打敗了魔苟斯，摧毀了他所建立的安戈洛墜姆堡壘。

然而這場勝利付出了極大的代價，犧牲慘烈，也因此教人傷悲。在最後一戰，精靈城貝爾蘭沒入大海，三顆精靈寶鑽中有兩顆永遠消失，許多在「中土」流亡的諸多族，不是在後來第二紀元與索倫的戰爭中犧牲，就是隱姓埋名，直到第三紀元末。

而這一點也是源自托爾金經歷戰爭最明顯的一點，他覺得永遠不可能有完全的勝利，在托爾金的作品裡，所有的戰功都不免有損失。在整個傳奇作品中，勝利總要付出慘重的代價，成功則免不了失敗的陰影。在「中土」的一切中，都不免一點悲傷、脆弱，和生命短暫的感傷。

這樣的悲觀態度也表現在「失落故事之書」中最浪漫的故事裡。在有《羅密歐與茱麗葉》、《崔斯坦和伊索達》影子的〈貝倫和露西安之歌〉中，貝拉西爾之子貝倫邂逅了在林中跳舞的精靈公主露西安，兩人墜入愛河，攜手對抗魔苟斯，他們雖從後者手中奪回精靈寶鑽，但就在勝利那一刻，貝倫受敵人放出來的狼攻擊，死在愛人懷裡。不朽的精靈公主露西安放棄了長生不死的能力，寧可追隨摯愛的貝倫，長眠於黃土之下。

托爾金可能是在一九一八年春寫下這個故事，當時他的長子約翰已七個月大，有一天艾迪絲在他們魯斯戰時家園旁的森林爲他跳舞，因此托爾金在這個故事中投入了不少自傳的成分。在他心裡，這對情侶的奮鬥反映出他和艾迪絲在現實生活中贏得的戰鬥。在他所有的作品中，最喜愛的莫過於〈貝倫和露西安之歌〉。艾迪絲死後，也就是故事寫成五十三年之後，托爾金堅持要在她的墓碑刻上：

**艾迪絲・瑪麗・托爾金1889-1971露西安**

托爾金在筆記本上記下的故事對他都有莫大的意義，只是他還不知道自己要如何剪裁處理。我們接下來就會看到，在他後來的生涯，在《哈比人歷險記》大受歡迎之後，托爾金也努力想發表《精靈寶鑽》，我們很容易就明白這個作品爲什麼對他有這麼重大的意義，因爲他把自己投射在其間，包括他所愛所懼和所恨的事物。很明顯地，這是非常私人的記錄，在他的一生中舉足輕重。他從沒有眞正完成它，即使到他老年，在一九七三年他逝世前幾個月，他依舊不斷地修改更正，依舊不停地補充細節。即使在那早年，他第一本筆記已經寫滿，「中土」故事已經厚達數冊，他也知道這是他「次創作」的偉大作爲。到一九七〇年初，他依然不能說故事已經完成，因爲它有了自己的生命，讓他難以自拔。他已經投注了太多的精神和自我。

一九一八年，他退役展開自己的生涯，身兼學者、丈夫和慈父之職。他只希望已經花了兩年心血的作品可以得到應得的重視，卻不知道《精靈寶鑽》的第一份草稿，只不過是他未來數十年奇特而美好作家經歷的開始。

# 第六章　攀登階梯

大戰勝利的那一天帶來了無盡的歡喜與解脫。當天下午一點，大鵬鐘聲四年來首度響徹雲霄。成千上萬的英國人湧上倫敦街頭，路上擠滿了雀躍的群衆，至寒夜降臨依舊不肯散去，就好像大規模的學校放學似的。

大戰結束之時，已經有上千萬的男女和小孩死亡，戰爭也使歐洲大國的資源用罄，同時改變了西方文明的面貌。經過上千年戰爭和聯姻才形成的普魯士帝國，經過五十多個月已經解體，由帝國的餘燼中產生了四個「新國家」：奧地利、捷克、匈牙利和南斯拉夫。全歐人民衆口一聲，全都誓言不要再發生這樣的殺戮。

戰勝消息傳來時，托爾金正在霍爾，他恨不得趕快離開軍隊，因此早已申請重回學校，並且也在牛津找到一份工作。不到幾周，軍方批准了他的申請，所以他可以到龐克瑞吉鎮去接春天才搬來的妻子、寶寶，和珍妮表姊，共赴托爾金視為故鄉的牛津。

托爾金的第一份工作是《新英格蘭字典》的語言專家職務。這個字典的編纂作業是在接近市中心布洛街上幾個充滿霉味的房間裡進行，薪水不高，但至少讓托爾金回到了牛津。而在一九一九年初他開始工作之際，也可能心知它只是暫時的工作。

《新英格蘭字典》工程浩大，早在一八七八年就已展開，由熱忱的編輯穆瑞（James Murray）負責，不過穆瑞在奉獻了四十年的青春後，於一九一五年去世，前面廿二年的時光都用在編纂由A至H的字，如今已進入第二階段，要編纂剩下的字母。托爾金的任務就是編輯W起頭的部分生字。

這個工作講究細節，也必須對語言有深入的了解，但工作本身極為沈悶。托爾金在語言上的造詣足以駕輕就熟，但他覺得自己應該選擇更寬廣的學術工作。他一次只要編纂幾個字，但必須深入探索它們的根源和意義。他得找出這些英文單字和十來種不同語言的對等字，還包括如古英語等古代語文在內，同時還得追溯它們的演變。這所有努力收集的材料，只有極小的一部分會收錄在字典中，但編輯覺得一切的資料都必須收集整理，以確保最後定本上的三五行解釋正確無誤。為了一個單字，托爾金往往得花一周的時間研究報告。

托爾金夫婦初抵牛津，在聖約翰街上租了一間小公寓，房間又小又擠，很不舒適。

但托爾金很快就在公寓裡收了學生個別講授，這對他微薄的薪水不無小補，因此到一九一九年夏天，他決定租下離艾佛瑞德街不遠的一間小屋。

此舉大大改善了全家的生活品質，他們如今有許多空間，可以請個女僕，而對艾迪絲最重要的是，他們可以把鋼琴搬出來，清掃灰塵，讓它在客廳裡出風頭。在這裡教大學生也十分實際，托爾金還因爲有妻子和珍妮表姊在場，可以接受女校的女學生，免除她們需要女性監護人的麻煩。

托爾金發現自己是個不錯的老師，頗受學生歡迎，他們的成績很有進步，而他也喜歡自己的新角色。次年春天，已經有許多學生預約整學年的課，托爾金衡量之後，覺得他可以放棄「新英格蘭字典」的工作。

這個時候他必然信心十足，因爲艾迪絲剛發現她懷了老二，而此時托爾金也明白自己想在學術界出人頭地。他發現自己很有天賦，能夠表達他對所修課目的熱忱，同時他也覺得在學校外擔任語言學者，如編纂字典的工作，並不適合他。

在一九二〇年夏，托爾金得知原本在里茲大學英文系擔任英文教授的莫爾曼（F. W. Moorman）不幸溺斃，因此該校有個英文講師的缺。於是托爾金瞞著艾迪絲申請該職，並且很驚訝他們竟然回了信，邀他去面談。

原先他對這個職務並不抱期待，去面談的時候，也以爲必然會遇到其他經驗豐富的對手，但在學校待了一天之後，他和邀他去的英文教授戈登（George Gordon）一見如故，因此他想自己或有一線希望。幾天後，校方的聘書來了，他不得不告訴艾迪絲：又得搬家了。

可以想見她必然很氣惱，因爲她好不容易才覺得漂泊的日子終於告一段落，他們可以在她逐漸喜歡上的牛津城裡安身立命。但很顯然他們別無選擇，對托爾金而言，這是攀上階梯的重要一步，絕不可能拒絕。

里茲市一直都不是個漂亮的城市，市中心滿是高高低低的陰森房子（稱作二上二下，因爲總共只有四個房間），每間房子都有個小小的水泥庭院，擠在狹窄而沒有樹木的街道上。如今有「紅磚大學」之稱的里茲大學同樣也不起眼，遠不及牛津的丰采。

對托爾金而言，新職的頭幾個月異常辛苦，艾迪絲留在牛津生孩子，而他則在里茲大學附近租了一個臥房兼客廳的房間，每周末搭火車赴牛津探望妻子，周日再回來。也因爲他覺得這樣很不方便，因此又申請另兩個教職，一個是利物浦大學貝恩斯講座的教授，另一個則是開普敦大學狄比爾斯（DeBeers）客座，這是由知名鑽石礦商贊助的職務。

正當他在爲前途奮鬥的時候，艾迪絲生下第二胎，取名麥可，不久她覺得自己可以北上和丈夫會合，於是托爾金找到學校附近的聖馬克寓所，這棟小房子離學校很近，全家終於在一九二一年團圓。他顯然明白艾迪絲不願再搬家，因此回絕了開普敦大學的機會。

日後托爾金經常回想，不知道自己是否做了正確的決定。在他生涯還未起步，還沒有成爲膾炙人口的作家前，總會想這可能是個很好的機會，足以改變他們的人生。但那時，隆納德和艾迪絲很驚訝地發現，隨著春天降臨，全家團聚，他們也開始享受在里茲的生活。

原本他們在牛津時很擔心里茲的教職是否合適，但後來大家卻各有喜愛里茲的理由。艾迪絲喜愛里茲自在活潑的氣氛，不像牛津那樣一本正經，而且她也很快和隆納德同事的太太打成一片。

戈登主持的英文系雖然規模不大，但卻不斷地成長擴充。這所學校經費沒有牛津劍橋學院那般充足，托爾金得和戈登及另一位法文教授共用辦公室，只能擠在僅及牛津教授研究室四分之一大的地方，窗戶骯髒得很，油漆斑剝，景觀遠非艾克斯特學院蒼翠蓊鬱和古色古香的風景所能比擬。不過環境和舒適並非一切。托爾金喜愛也敬重戈登，他也很喜歡他的學生，其中大部分都來自本地的城鎮，許多出於中下階層的家庭，多半也一心向學。在牛津的菁英經驗已經讓他體會到，聰明才智自有其發揮之處，但若和懶惰傲慢結合，終究不會有任何成就。這些在里茲學英國語言文學的北地孩子，其實也反映了托爾金自己個性的某些部分，像他一樣埋頭苦幹，勤奮向學，他們就像他一樣，克服了出身的環境背景。

托爾金的生涯漸入佳境。一九二二年初，托爾金兩年前在艾佛瑞德街家裡教過的學生，如今成了年輕的學者，到英文系來擔任講師。這個名叫艾瑞克・戈登（Eric Gordon，和系主任戈登無血緣關係）的年輕人不但天資聰穎，而且和托爾金一樣熱愛古代語言。他原是羅茲學者（Rhodes Scholar，英國人羅茲創設於牛津大學的獎學金），在牛津的時候，也在受教之餘，曾和托爾金有許多頗見機鋒的談話。

他們倆不久就開始一起著書立說。兩人合著的第一本書在一九二二年出版，收錄許多中古英文選的辭彙，接下來又合作托爾金頭一本眞正重要的著作，是中古英詩《高溫爵士和綠武士》的新版本，這首詩原成於一三八〇年，作者是英格蘭中部的佚名詩人，是傳奇故事，描繪主角高溫爵士如何度過兩次的考驗，這位亞瑟王的騎士首先殺死了邪惡的綠武士，接著又抗拒了誘惑，未與伯提拉克伯爵的夫人犯下姦情。

托爾金和戈登兩人都非常喜歡這首詩，這也是大學生中古英文課程的主要教材之一。兩人的新版本於一九二五年由牛津克拉瑞登出版社出版之後，立刻被選爲標準課本，多年不墜。

托爾金和戈登這對志同道合的好友也攜手讓里茲大學英文系上充滿了生氣。他們成立維京俱樂部，讓師生參加，這和托爾金從前參加過的俱樂部和學會不同，雖然也以知性爲目的，研究古斯堪地那維亞語等古代語言和傳統，但卻希望更活潑有趣，讓大家在學術之外獲得一點解脫。參加者大部分的時間都花在寫粗俗的韻文，大家在學校的酒吧邊喝啤酒邊朗誦，結果使托爾金和戈登成了全校最受歡迎的老師。

在此同時，托爾金的家庭生活也變得更繁雜，他的責任重多了。一九二四年初，艾迪絲三度懷孕，她可不怎麼高興，一想到帶著三個小蘿蔔頭窩在狹小的聖馬克寓所，就教她頭痛，因此他們很快又搬到不遠的西園達利路二號，這個地方比較寬敞。托爾金原本可能一直在里茲，何況他和家人都可以在這裡快樂生活。他賺的雖不多，但暑假時批閱畢業考卷卻對家計不無小補，他們還可負擔每年暑假赴鄰近濱海小城度假的費用，說不定再過不久，他們還可買下自己的房子。一九二四年，里茲大學英文系有教授缺，托爾金在十月間被升爲教授，正在第三個寶寶克利斯多福・魯伊爾（Christopher Reuel）誕生前一個月，這使得托爾金更有信心。

新職原本可讓托爾金在里茲留得更久一點，這個工作不但薪水更多，而且在學術生涯上也是一大進境。但他依然覺得自己的生涯缺少了什麼，他覺得自己可以爲自己和全家人做出更傑出的成就，年方卅二就成爲教授，固然是值得欣羨的成績，但這畢竟是鄉下的小學校，雖然他沒說出口，但他卻有更遠大的目標，比如在倫敦，或牛津劍橋大學學院的教職。

他並沒有刻意運作，但一九二五年初，卻有個理想的機會。牛津大學古英語教授克雷基（William Craigie）將赴美國講學，因此在托爾金這一行人人艷羨的職務突然有了新機會，他自然難以抗拒。

除了他之外，還有三名競爭對手，全都比他更有經驗，也更適合這個職位。因此托爾金雖然雄心勃勃，但可能還得在里茲待一段時日。但後來其中一名候選人決定撤回申請，另一名雖然獲邀出任教授，但卻拒絕了這個機會，只剩下托爾金和另一名候選人西桑姆（Kenneth Sisam），他是托爾金十年前在艾克斯特學院的老師。

遴選小組花了很長的工夫作決定。西桑姆教學經驗較爲豐富，在學校也很受學生歡迎，托爾金的表現則是未知數。小組有些成員也有點學術圈的勢利眼，認爲托爾金在里茲大學的現職端不上檯面，不過托爾金也有支持者，當年慧眼識英雄，給他第一份教職的戈登在兩年前轉赴牛津，現在是牛津的英國文學教授。

經過冗長的辯論，遴選小組的意見分爲兩派，不分軒輊，但擁有決定權的副校長受戈登影響，最後決定選擇這位來自里茲大學的年輕教授。

托爾金當然受寵若驚。在寫給里茲大學副校長的辭職信中，他表明自己經驗不足，沒想到竟受此重任，原本他以爲自己會在里茲大學終老。

對艾迪絲而言，這是另一次的搬遷，不過這對隆納德的生涯是一大進展，她爲他欣喜。雖然她已在里茲安頓下來，但她心裡其實也疑惑自己會不會永遠待在這裡，因爲她傑出的另一半絕不可能安於次要的職位。

# 第七章　教授生涯

托爾金在牛津車站步下由里茲開來的火車時，必然停步片刻，思索他怎麼可能在這麼短的時間內有這麼大的成就。十六年前，他就站在這個位置，當時還是學童的他初赴牛津來參加大學入學考試，正爲相思所苦，孤獨寂寞，最後名落孫山。次年，他又來此再試一次，而一九一一年秋，他終於進入艾克斯特學院就讀。如今，一九二五年十月，他成了新上任的古英語教授，雖然在月台上一樣孑然一身（艾迪絲帶著孩子留在里茲，等他找好房子，安頓好一切，再把家人接來），但他的人生有多大的變化啊。就他的學術生涯而言，他已經成功了，他的成就已達頂點。

在牛津的頭幾個月，托爾金忙得不得了，不過他很快樂，如魚得水。他馬上展開教學生涯，挑起教授該負擔的行政工作，此外還得扮演其他的新角色，身爲牛津大學英文教授的他，也得參與頻繁的學校活動，他得參與晚餐會，得代表同仁接待來訪的高官名流，還得熱烈參與校務，否則非但不得體，還會招來蜚短流長。除此之外，他還得爲家人找個合適的房子，這是所有新任務中，他最擅長的工作。

一九二五年末，托爾金在綠樹如蔭的諾斯摩爾路找到一間舒適的大房子，正位於牛津市中心雄偉學校建築的北方。諾斯摩爾路廿二號是間美麗的新屋，有漂亮的大花園，前門玫瑰叢攀附，沿著蜿蜒的石板小徑接上幾乎沒有汽車的林蔭街道，是理想的家園。聖誕節一過，艾迪絲就帶著孩子們搬了進來，如今老大約翰已經八歲，老二麥可五歲，最小的克利斯多福才剛滿一歲，他們終於可以安身立命了。托爾金一家在諾斯摩爾路一直住到一九四七年，其間只搬了一次家，就是在一九二九年把隔壁廿號出版商布萊克威爾（Basil Blackwell）的房子買下來。

二次大戰時牛津僥倖逃過德軍空襲，因此離市中心約一哩的諾斯摩爾路迄今依然保存著一九三〇年代的模樣。托爾金一家人住過的兩棟房子仍是當年光景，這裡依然有許多學者家庭居住，只是很少有人像托爾金家一待二十多年。廿號的房子雖然比較大，但沒有廿二號漂亮，屋表鋪著灰色的石灰泥，不對稱的設計教人看來並不舒服，幸好庭園深深，可以彌補這方面的缺憾。

搬到牛津讓托爾金一家的生活有了莫大的變化。如今再也沒有陰森幽閉的房子，也再沒有英國北部工業城灰塵滿布的街道。艾迪絲覺得他們已經找到了最美好的房子，她先生有最完美的工作。托爾金由窗戶朝外望去，再也不會看到灰暗的磚造房子，也不必再和人共用辦公室。他可以沿著靜謐而蒼翠的街道騎車上班，一直要到連接市中心的聖吉爾斯大道，才會有車水馬龍的景象。英文系教授視爲總辦公室的莫頓學院後面就是基督教會草坪，一直擴展到契爾維爾，一到夏天，校園裡五彩繽紛，花朵處處，在學院裡聚會成了賞心樂事，不但可以用瓷杯喝茶，還有僕人送上點心品嘗。

托爾金很快就適應了他的新角色，他每年得作一系列的講學，不過因爲戈登當年在里茲大學就是以牛津的課程爲本，因此托爾金在牛津的課程幾乎和里茲一樣，無須準備。有些課程在潘姆布洛克學院講授，不過大部分是在考試學院。

考試學院的教室很大，屋頂又高，用灰泥粉飾的樑柱搭配著淡彩色調的牆壁，踩在木材地板的每一步都會有回聲，講課的聲音也在其間迴盪。有些課，比如中古文學，因爲必修，所以總是擠滿學生，較專門的課程學生人數比較少。托爾金教學並不死板，常會離題，因此調皮的學生就會故意逗老師，看他多久才會回歸正題。有個學生後來回憶說，他以爲托爾金和《愛麗絲夢遊奇境》裡的瘋帽匠一樣瘋狂，因爲他會上課上到一半突然停下來，開始講精靈和妖怪的故事，好像說給學生聽，又好像自言自語。

托爾金喜歡有聽衆，也樂於在授課時表達自己的意見。他深愛所授的課目，也很有口才，很少有學生會忘懷他慷慨激昂的講授。

托爾金的授課中，學生印象最深刻的是《貝奧武夫》。在講授開始的時候，他會靜悄悄走進教室，接著突如其來吟誦起《貝奧武夫》起首的章節，幾乎是大聲喊叫，讓鏗鏘有力的詩節迴響在整個演講廳裡，餘音繞樑。他用古英文唸出下面這些強烈的字眼時，整張臉孔都不由得扭曲：「Hwæt wē Gār Dena in geārdagum, þēodcyninga þrym gefrunon, hu, ða æþelingas ellen fremedon」。（因此古早時代的執矛丹麥人，統治他們的國王勇猛偉大，我們聽說了這些王子的英勇事蹟。）

這樣精彩的講演讓學生畢生難忘。欣賞托爾金的詩人W. H. 奧登（W. H. Auden），學生時代就曾上過托爾金的《貝奧武夫》課，自一九五○年代中期起和托爾金通信的他，曾在信中告訴托爾金說，他永遠忘不了當年托爾金以戲劇化的方式講授這門課，簡直教學生目瞪口呆。

托爾金能成爲成功的老師，多少也和他熱情洋溢的個性有關。雖然他有時候內向，甚至到封閉的地步，但不論是在書房一對一和學生相處，或是在課堂上向一大群學生講授如古英文這般奧祕而複雜的主題，他都能口若懸河，滔滔不絕。作家艾布洛（Desmond Albrow）曾描述他年輕時在托爾金位於諾斯摩爾路家中書房和托爾金見面的情景：「他一身打扮是典型的教授模樣，穿著燈芯絨褲和休閒外套，信心十足地吸著菸斗，不時縱聲大笑，腦子比言辭快的時候則喃喃自語，在我的眼裡彷彿是年輕的影星李斯利霍華德（Leslie Howard），渾身散發著文化氣息，充滿迷人的魅力。」

托爾金有演員的氣質，他在愛德華國王學校就喜歡參加戲劇表演，唸大學時也對戲劇有所涉獵。他在俱樂部和學會中很活躍，常常慷慨激昂的發表演講，或是熱烈參與辯論，朗讀自己的小說創作，一點也不羞怯，日後到老年，他也喜歡用錄音機錄自己唸精靈語的聲音。

他愛盛裝打扮，多次揮著斧頭，打扮成維京人，把諾斯摩爾路上的鄰居嚇得魂不附體，才滿意地騎上腳踏車到學校參加化妝聚會。雖然他在中年時期表示自己不喜歡戲劇，也認為現代劇院俗不可耐，但他卻很能掌握戲劇效果。只要興致一來，他可以立刻拋開正經八百的教授形象，發揮原本壓抑的調皮本性。有一次他在牛津一家店裡，店員一直盯著他瞧，不論她做什麼，都回頭看他，最後他付帳時，故意把假牙連零錢遞給她，小小地報復一下。

一九三〇年代托爾金曾買了一輛車，但全家人卻不敢領教他的駕駛技術。他們的第一輛車暱稱為「JO」，取自車牌號碼的前兩個字母，這是一輛柯利車（Morris Cowley），由距諾斯摩爾路僅幾哩之遙的柯利車廠出品，托爾金出了幾次小車禍，不過這已經把艾迪絲嚇得膽戰心驚，覺得搭公車還比較安全。只要托爾金駕駛，她就不肯進車門。最嚇人的是托爾金開車從不看紅綠燈，過馬路時也不先看路口，而是一路直衝，口中呼嘯：「衝過去，他們自然會躲開。」

托爾金容易與人打成一片，這樣的特質自然對他就任新職很有幫助，因爲要作成功的教授學者，除了才華之外，還要有圓滑的手腕和紀律。教授的職務也包含讓托爾金覺得沈悶至極的行政工作，他討厭瑣碎的事務，也厭惡官僚作風和繁文縟節，但若事關重大，他也會站穩立場，據理力爭。

自托爾金初抵牛津起，就展開一場這種戰爭。其實許多學生都對英文語言暨文學系不滿，這個系不像其他系一樣，有吸引所有學生的共同課表，而可以分爲兩個部分，有些學生對語言比較有興趣，但卻得修習喬叟、莎士比亞和其他文學大師的課程，而對文學有興趣的學生，則痛恨讀《貝奧武夫》之類的古英詩。

托爾金認爲大四學生應該可以專心研習他們自己有興趣的課程，因此對文學有興趣的學生應該可以不用修古英文和中古英文，專心研究現代英文，而對喬叟之前文學作品有興趣的學生則可以免修十四世紀以後的作品。

這樣簡單明白的邏輯竟會遭受反對，現在想來雖不可思議，但的確如此。其實一九二五年托爾金初次提出這樣的建議時，幾乎沒有人附議，但逐漸地，他遊說許多死硬派的老古板，花了六年的時間終於完成革命，在當時的學術界算是創舉。托爾金在教授群中人緣很好，也能雄辯滔滔。他既不諂媚也不阿諛，卻知道如何合縱連橫，達到目標。

公餘之外，托爾金在家裡也扮演了好父親的角色。一九二九年，他們安居牛津四年後，艾迪絲產下第四個孩子，是她渴望已久的女兒普瑞西拉，這個孩子雖然爲全家帶來無比的快樂，但對托爾金也是一個甜蜜的負擔。他已卅七歲，正當事業高峰，擔任牛津教授雖然名聲響亮、地位崇高，但收入卻並不豐厚，他依然得靠批閱學校畢業考卷（他持續作了廿年）貼補家用。

其實由托爾金一九二五至六〇年代末的日記和信件中，我們可以發現他總是忙個不停，他的時間表總是排得滿滿的。每天他一大清早就起床，在家至少見過一個學生，才赴學校上課。除了繁忙的學校會議之外，他也得負擔行政事務，午餐後他有時會再上另一堂課，或回家批閱考卷或學生論文。他得準備課業，提供意見和建議供同事參考，寫許多信，參加各種委員會議。最後，他還和其他學者一樣，必須發表論文，鞏固自己的學術地位。

不過托爾金對寫文章給其他學者看倒沒有多大興趣。一九二〇年代初期，他和艾瑞克．戈登在里茲合編《高溫爵士和綠武士》，合作愉快，但他並不喜歡爲了在學術圈立足而寫作。雖然如此，他還是發表了不少論文，甚至還把原本枯燥乏味的研究寫得精彩有趣。他常在《英文研究》和《牛津雜誌》及其他文學期刊上發表文章，也完成了中古英文史料〈安奎尼韋斯和哈利梅歐海德〉的重要研究，發表在《英文學會會員研究論文》刊物上，於一九二九年由牛津克萊瑞登出版社出版。他也時常供稿給《語言學會交流》。

他的工作以牛津教授爲主，但他的才華卻需要其他的出路。他雖喜愛自己的學術工作，但豐富多變的想像力卻無法由此宣洩。因此每當夜闌人靜全家都熟睡的時候，他就搖身一變，拾起筆桿，沈醉在奇幻的世界裡。

在忙碌了整整一天之後，要拿筆寫作，的確要費一點力氣。但托爾金不但有紀律也有衝動，能夠由晚上十點一直寫到凌晨兩點，撰寫複雜的情節和栩栩如生的角色，接著睡上幾個小時，展開新的一天，日復一日。

除此之外，托爾金也很愛他的家人。不論多麼吃力，他總設法找出時間陪伴孩子。他是個熱情洋溢的父親，而且和當時風氣不同的是，他總直接表達他對家人的愛，毫不羞赧。他常公開親吻兒子，而且在畢生各階段寫的數百封信中，他也總用最親愛的用語和他們說話，比如「我最親愛的孩子」，並自署「你們的父親」或「摯愛你們的父親」。

他表達愛的一個方式，是每年寫一封「聖誕老人信」給孩子們，每封信都描述聖誕老人最新的歷險，一年一度的禮物準備工作等等，還配上大量的插圖。托爾金的家人細心保存這些信件，並在一九七六年編成《聖誕老公公來鴻》出版。

一九二〇年，在約翰三歲的時候，托爾金寫了第一封聖誕老人信，或許是因爲他在自己的資料中，找到兩歲時母親爲他寫給聖誕老人的信，給了他靈感。這是托爾金寄給約翰的第一封信，信封上寫：英格蘭，牛津，艾德瑞德街一號，托爾金太太和約翰法蘭西斯魯伊爾托爾金公子收。信中則形容聖誕老人的房子，並附上細心描繪的插畫。此後每一年，聖誕老人的信封上都有新設計描摹的郵票，內文則包括北極新聞，敘述聖誕老公公最近的考驗和磨難。漸漸地，故事越來越複雜，角色也越來越多，包括大北極熊、大海豹，和雪精靈等等。

托爾金的這些信件收集成冊，不但成了珍貴的傳家寶，也說明了歲月在這家人身上留下的痕跡。到一九二四年，原本只寫給約翰的信添了麥可作收信人，接下來幾年，收信人變成「約翰、麥可和克利斯多福托爾金」，到一九二九年，信封上寫的是「英格蘭，牛津，諾斯摩爾路廿二號，托爾金的四兄妹收」內文稱謂是：「親愛的男女孩」。不過隨著時光流轉，孩子們長大了，信封上的收信人也越來越少，到一九三八年，克利斯多福已經十四歲，再談這種事實在太大了，因此收信人只剩下九歲的普瑞西拉，一直到一九四三年，聖誕老人給普瑞西拉的最後一封信，署名是「熱愛你的老友，聖誕老人。」

托爾金顯然很喜歡寫這些信，他喜歡爲孩子們編故事。有些故事是在假日裡構思的，一開頭是孩子們看到路邊有個告示或街牌，或是碰到某個特別的人。有一系列故事裡講的是一個永遠不疲憊的「前面大路」（Major Road Ahead）窮追行蹤飄忽不定的史提克斯（Bill Stickers）。

一九二五年，托爾金爲約翰和麥可編了一個故事（克利斯多福還太小），故事開頭是說麥可在海灘上掉了一隻玩具狗，最後卻發展成錯綜複雜的冒險故事，稱作《羅佛蘭登》（Roverandom），主角是一隻名叫「羅佛」（Rover）的狗，被巫師變成玩具，掉在海灘上，最後卻被沙巫薩瑪瑟斯塞瑪迪斯救起。托爾金寫下故事，用水彩描繪，其中最棒的一幅畫作（如今由牛津布地里恩圖書館收藏）稱爲「墨金宮的花園」是描寫羅佛深入海底歷險。

其他倍受喜愛的作品還包括一系列談兩個神祕角色麥多（Maddo）和烏拉穆（Owlamoo）的故事，這兩個角色常出現在小麥可的夢魘裡。麥多是沒有手臂但戴了手套的一隻手，可以掀起房間窗簾，在黑暗中爬上爬下，烏拉穆則是一隻很醜的貓頭鷹，總是攀在衣櫥上方。另一則故事則是麥可的娃娃，還有其他故事講的是一個名叫提摩太提塔斯的小傢伙。

在這段期間，托爾金作品很多，孩子們對他所講述的故事總是反應熱烈，刺激了他豐富的想像力。他畫了許多插圖和畫作，包括惡龍、精靈、和其他奇怪生物的圖畫。另一個很受小朋友歡迎的是布里斯先生，這個男人又高又瘦，有一輛黃色的汽車，只要有他在，總會把一切搞砸。托爾金特別喜歡這個故事，還抄了一份裝訂起來。

邦巴迪爾（Tom Bombadil）這個角色也是在此時頭一次出現。後來托爾金創造了一系列以他爲主角的故事，收集在《邦巴迪爾的冒險》書中發表，內容還包括戈德柏瑞（Goldberry），一個獾家族，老人楊柳，和拜洛維特（Barrow-wight），在這故事裡他是早已去世的帝王魂靈，埋在布克夏高原下。雖然當時托爾金還不知道這些角色有朝一日都會出現在《魔戒》故事中，不過邦巴迪爾（還有戈德柏瑞等）日後在《魔戒》裡出現時，和原先並沒有多大的差別。

托爾金還花了不少時間創作以龍爲主角的水彩畫，其中有些後來成了《哈比人歷險記》的插畫範本。托爾金對龍的想像深受他孩提時所讀蘭格（Andrew Lang）的《紅童話書》（*Red Fairy Book*）影響，其中有個故事高潮迭起，名叫〈西格德和法夫納爾〉（Sigurd and Fafnir）。托爾金自一九二〇年來最好的一幅畫是一幅水彩，上有一龍盤踞，他配了一則由《貝奧武夫》取來的圖說：「hringboga heorte gefysed」（潛龍的心，波濤洶湧）。十年後，也就是一九三七年，在《哈比人歷險記》出版後不久，托爾金在牛津博物館大學爲小朋友發表聖誕演說「談龍」，他還以這幅畫製成幻燈片，作爲輔助說明。

我們探討托爾金作品，尤其是如《精靈寶鑽》這般充滿學養和深度的傑作，往往會忘記他多麼喜歡爲小朋友寫作，其實他自己就有四個子女，爲孩子們寫故事絕非小事。雖然《精靈寶鑽》和《魔戒》表面上都是給成人讀的書（《魔戒》廣受各年齡階層喜愛），但托爾金卻很喜歡編故事，讓人生成爲自然的床邊故事，或爲打發疲憊旅途的良方。他非常重視孩子們對他故事的反應。身爲知名的作家，他特別喜歡爲孩子們演講，也盡量回信給每一個寫信給他的小讀友。小時候曾是隆納德和艾迪絲鄰居的女士說，托爾金常常先把故事說給她和其他在街上遊玩的小朋友聽，看他們的反應。

這就是中年的托爾金，旣是專業的學者和老師，也是愛家的好男人，同時還編織夢想和童話故事。由表面上看，他的生活非常傳統平淡，但其實在內心裡，他的靈感泉湧，和他傳統的外表完全相反。這就是塑造傳說、創造整個神話王國者的生活。但在我們考慮這一點，探索他的作品之前，還得先探討他個性中的另一層面：那就是托爾金在純男性世界中，欣賞其他類似想像心靈的人。

# 第八章　男人的世界

托爾金和C・S・魯益思於一九二六年五月十一日，在莫頓學院英文教授會議中初識。托爾金在牛津擔任古英文教授才兩個學期，而魯益思則是剛受命爲莫德林學院英國語言文學講師兼研究員。

起先，他們對彼此似乎保持戒心。魯益思的日記記載：「托爾金一直把話題繞著英文預備考試打轉。後來我也和他談了一下，他是個圓滑、蒼白、話多的小傢伙……他認爲所有的文學，都是寫給三十至四十歲的男人看的……他沒什麼不好，只是需要一點教訓。」

這對他們初次見面，眞是一段奇特的回憶，可惜托爾金沒有留下任何紀錄供我們比較參考。撇開這段話傲慢、愚蠢的語氣不談，它倒眞實地刻畫出托爾金的面貌，這正是托爾金開始遊說，要改變牛津英文課程結構的時期，而據魯益思描述，托爾金把話題一直留在他想談的方向，這也再度證明了我們早已經知道的印象——托爾金口才很好，雄辯滔滔，不過魯益思在初識托爾金之後，有一段時期並不贊同他的計畫。

魯益思另一段奇怪的記述是談到托爾金對文學用途的看法，托爾金當然很傳統，對男女在社會上的角色也有很強的主見，但說文學主要是「寫給三十至四十歲男人看的」，卻似乎不是托爾金的作風。或許魯益思口是心非，也或許這段話只是誇張，因爲托爾金就曾見過女性的知識份子。他自己家裡的珍阿姨，也就是他一九〇四年同住過一陣子的阿姨，就是首批拿到科學學位的女性之一，他對她也有很高的評價。

魯益思和托爾金相識之時，兩人有許多共同點。魯益思比托爾金小近七歲，但兩人都曾經歷過壕溝戰，兩人都熱愛語言，雖然魯益思不像托爾金那樣熟悉冰島的語文，但他對挪威神話及古英國文學也有同樣濃厚的興趣。

不過他們倆的背景出身卻大爲不同。魯益思的父親是伯爾發斯特的名律師，他們爲他取名爲克萊夫．史代普斯（Clive Staples），但他卻稱自己爲傑克，而且終其一生，朋友們也都叫他傑克。他在貴族學校梅爾文學院受教育，並於一九一六年獲得獎學金入大學學院就讀。他成績優異，一九二〇年獲古典學第一名，兩年後再拿一次第一，如果想到魯益思曾參加一次大戰，還在一九一八年受傷，就能體會那是多麼不容易。

或許因爲魯益思的背景，他也因此比托爾金更有都市氣息。他的興趣廣泛，在許多方面也反傳統。托爾金是好丈夫，也是四個孩子的好父親，而魯益思則過著完全不同、甚至可以稱作是波西米亞式的浪遊生活。他終生未婚，但和年紀比他大很多的離婚婦女珍妮・摩爾（Jenie Moore）同居，摩爾是愛爾蘭人，沒受過多少教育，魯益思在大戰期間邂逅她，當時她四十五歲，而他才十九歲。他倆住在一間寬敞的大房子裡，離牛津城僅五哩，就在射越坡旁一個名叫「窯爐」的地方。魯益思自一九三〇至一九六三年去世爲止，在那裡住了卅三年，而且那裡總是充滿了歡樂，到處是書和資料。花園裡有個大池塘，他和托爾金時常在那裡游泳。

不過魯益思每次提到自己的情婦，總稱她爲「摩爾太太」，她對他而言，既是母親，也是情人。在魯益思朋友的眼裡，她非常神祕，傑克從不帶她去社交場合，而魯益思的朋友也只有赴「窯爐」拜訪的時候，才會湊巧看到她。一九二〇年代末期和魯益思已結爲好友的托爾金對她一無所知，只曉得她似乎對傑克有一種奇特的情感。許多牛津人都把她當成村婦，因爲在傑克談到她的少數幾次，描述她似乎說話不得體，而且對魯益思占有欲特強。

托爾金和魯益思之間很自然發展出親密的友誼。其他許多教授都是老古板，生活裡除了工作就沒有其他。（魯益思在早期出版的《浪子回頭》（*ThePilgrim's Regress*）

一書中，就曾諷刺「講理先生」，把他們描寫成聰明機智，但卻心胸狹隘而淺薄。）魯益思擅長寫小說和詩，也有遠大的寫作計畫，在這方面，他和托爾金可說志同道合，此外兩人也深受同志愛的吸引，這是他們同一般人自學校時代就深深感受到的，尤其在大戰期間，他們更沈浸在這樣的男性世界中。不過他們的友誼也是因爲有共同的學術背景，以及有分寸的互相批評對方的作品而得來。

這兩人初識之後，不到幾個月，就經常在莫德林學院魯益思的研究室內聚會，這個簡陋的房間擺了幾張不起眼的家具，窗戶上掛著厚重的天鵝絨窗簾，桌上則堆著高高的資料，書本到處散落在地板上，要不就是堆在門邊。他們常在火爐邊坐到深夜，談文論史，同時閱讀、評論對方的文稿。

就在兩人初識之後不久，托爾金把《貝倫和露西安之歌》的初稿拿給魯益思讀，魯益思作了眉批，提出一些建議，他似乎很快就感覺到托爾金對評論很敏感，因此並沒有大放厥辭，而是用三個虛擬的評論者「席克」、「皮博弟」，和「派普尼克」來各自發表一些評語。

不過或許魯益思不必那麼在乎，托爾金的確對評論非常敏感，但他也能虛心接受他所敬重者的評語。不久以前，他在 T. C., B. S. 的朋友才牽引他離開他們覺得不合適他的方向，而在一九二〇年代末期，他的兩名老友已經離開人世，魯益思成了他最重要的朋友，大概很難再有比魯益思更能贏得他敬重的人了。因此《貝倫和露西安之歌》手稿送回來後，他記下了魯益思每一個註記和評語，幾乎完全重寫。

在兩人交遊的幾周前，也就是托爾金在牛津任教的第二學期，他組了一個冰島文讀書會，取名為「燙煤人」（Coalbiters），這個名字來自冰島文字Kolbiter，意即冬天裡太靠近火，結果被煤炭燙到的人，讀書會的宗旨是讓對傳統冰島史詩有興趣的人得以相聚，可以互相朗讀這些史詩。

一九二六年秋，托爾金邀魯益思加入「燙煤人」，雖然魯益思對冰島文一竅不通，但他敏於學習，逐漸可以讀越來越多的段落。在「燙煤人」成員中，對冰島語文一無所知者並非僅魯益思而已。雖然成員中有些是語言專家，諸如牛津比較語言學教授布洛霍茲（G. E. K. Braunholtz）、拜占庭和現代希臘文教授道金斯（R. M. Dawkins）等，但其他的學者對古語言的了解甚至還不如魯益思，比如艾克斯特學院英文教授柯格希爾（Nevill Coghill）就完全不識冰島文，托爾金在里茲大學時的系主任——牛津大學英國文學教授戈登也才剛開始學這種語文而已。

其實這個讀書會就像其他社團一樣，只不過是結交朋友，在繁忙的研究教學工作後小酌一杯、輕鬆一下的藉口罷了。不過它原先的目的是要大聲讀遍所有冰島的史詩傳奇，而在一九三〇年代初，他們的確也做到了這點。漸漸地，「燙煤人」的活動減少了，托爾金和魯益思加入了另一個文學社團「吉光片羽社」（the Inklings），這是由一名大學生李恩（Edward Tangye Lean）所創，成員每周都在大學學院聚會。

李恩也是學校雜誌《艾西斯》（*Isis*）的主編，他是個雄心勃勃的青年作家，成立「吉光片羽社」的用意是要讓每名成員都能在聚會時朗讀自己尚未發表的新作。一九三三年，李恩離開牛津，投身新聞廣播事業，「吉光片羽」也逐漸不再聚會。不過還不到一學期，包括托爾金和魯益思的原始會員，又開始在魯益思位於莫德林學院的研究室裡聚會，並且沿用舊名。他們爲什麼沿用舊名，沒有人知道，但托爾金和魯益思都喜歡這個名字，因爲它語意含糊，既暗示成員心懷大志，同時又適合需要執筆爲文，勾勒生活種種的文人作家。

「吉光片羽」最早的聚會是每周四晚間，在魯益思莫德林學院寬敞的研究室裡，不過到一九三九年，他們已經把聚會時間地點改爲每周二上午，在聖吉爾斯路上的一間酒館，名喚「老鷹和小孩」（the Eagle and Child，他們暱稱爲「鳥和寶寶」）。

這家酒館如今已經重新擴建，「吉光片羽」當年聚會的房間原本在酒館後方，現在則成爲「吉光片羽」的聖堂，牆上掛著托爾金、魯益思，和查爾斯・威廉斯（Charles Williams）的照片。每逢夏天，周三上午的「吉光片羽」之旅就會在此逗留，讓遊客體驗一下當時的氣氛情境。吧台旁牆上有一大匾，上書：

C・S・魯益思

他的兄弟W・H・魯益思、托爾金、查爾斯・威廉斯及其他友人自一九三九至六二年間，每周二上午都在他們最喜愛的酒館聚會。這些人，也就是大家耳熟能詳的「吉光片羽」社，在此小酌，天南地北無所不談，不過最主要的是討論他們正在著手的作品。

這並非他們常去的唯一一家酒館，他們也喜歡去波德李恩圖書館旁的「國王紋章」、「白馬酒館」，和牛津市中心的「主教酒館」，不過就像上面這塊匾上寫的，他們最愛的還是「鳥和寶寶」。在這裡，托爾金頭一次把「新哈比人」——《魔戒》讀給朋友聽，魯益思則和同道談他的納尼亞（Chronicles of Narnia），他的宇宙神話，和他最廣爲人知的《地獄來鴻》（*The Screwtape Letters*，老魔鬼史克盧台波寫給小魔鬼汪姆伍德的書信，談如何以他發明的信仰來阻撓人接受基督教的洗禮）。

如今雖然已曲終人散，但如果在其他遊客到來之前，站在「鳥和寶寶」裡，你就會忘卻外面的繁忙世界，一心想像托爾金靠著椅背，裝好菸絲，魯益思朗誦幾頁皺巴巴文稿的時候，他的頭埋在煙圈裡。圍桌坐著其他三、四名「吉光片羽」成員，如戴森、柯吉爾，和克里斯多福・威廉斯等，人人都凝神諦聽，只偶爾啜一口啤酒。

「吉光片羽」的核心人物共有七、八個人，魯益思和托爾金是創始成員，柯格希爾、魯益思的哥哥華倫和芮丁大學英文系教授戴森（Hugo Dyson）也曾和一名叫做哈佛（Robert Havard，不過不知為何，朋友稱他為韓佛瑞）的醫師朋友參加早期的聚會，不過並非所有的成員都是文壇人士，華倫是軍官，也是皇家軍事學院的畢業生，他在一九四〇年代開始寫歷史書；韓佛瑞是天主教徒，也是牛津學生，因此和托爾金特別投合，但他只會讚賞朋友的作品，本身卻毫無文學天賦。柯格希爾是艾克斯特學院的研究員，也是中古英語的學者，他譯的《坎特伯利故事集》頗獲學界好評，於一九五七年擔任牛津大學的英國文學教授，對戲劇興趣濃厚，在牛津籌畫了多次精彩的演出，其中最有名的是一九四九年夏在伍塞斯特學院後方湖畔，露天演出《暴風雨》。柯格希爾是W．H．奧登（W. H. Auden）的老師，而就在他參加「吉光片羽」社的同時，也指導李察波頓演出戲劇，後者曾在柯格希爾的好幾齣戲中演出。

「吉光片羽」社限制極嚴，成員很少變更，偶爾魯益思碰到一些同好時，會邀他們參加聚會，但成員非得符合一些標準才行：他們得要健談、對寫作有興趣或者本身就有作品、善飲，是C．S．魯益思的朋友，而更重要的，他們得是男性。

這個男性菁英社團中，從沒有女性能獲准加入。傳說一九四三年，在文壇夙有盛名的推理小說家桃樂西．賽兒絲（Dorothy Sayers, 1893-1957年，生於牛津，是當時少數取得牛津學位的女性。）曾在「鳥和寶寶」現身，想要參與這群男性的討論，卻被委婉地請出去。對「吉光片羽」的成員而言，要保留它爲純男性的社團，實在非常重要。

魯益思在信件和散文中，描繪了「吉光片羽」社成員集會的情景。他們常在夜裡聚會，不過托爾金和威廉斯卻常趁著早上，在魯益思的研究室裡，邊吐煙圈，邊讀作品給對方聽。魯益思寫道：「不妨想像一下，周一上午約十點鐘，陽光普照，在俯看莫德林學院林蔭的二樓客廳裡，托爾金和我點起菸斗，伸長兩腿。坐在我們對面沙發裡的威廉斯把菸蒂扔到爐架裡，拿起一堆鬆散的小紙片，他總在這些紙片上寫作，我猜那一定是平價筆記本裡撕下來的紙張，接著他開始唸作品。」魯益思也描寫過「吉光片羽」至少超過六個人的平常聚會，他形容這些聚會很吵雜，旁觀者一定會以爲他們在談什麼不堪入耳的內容，而不知道他們談的是神學。

如今我們很可能體會不出「吉光片羽」的影響。收藏許多魯益思資料的韋德書庫館長吉爾比（Kilby）教授在一九六〇年代曾和托爾金有過短暫的接觸，他寫道：「『吉光片羽』社在文學上的影響其實是出於我們的想像，而非出自當時的事實。」他的意思可能是指在牛津市酒館聚會的這個社團雖然討論文學、宗教、及其他他們有興趣的話題，但卻並不像「布魯姆斯伯里社團」（the Bloomsbury Group，廿世紀初由小說家維吉尼亞吳爾芙、佛斯特、詩人艾略特、經濟學者凱因斯等人組成的團體，常在倫敦布魯姆斯伯里區吳爾芙的居所聚會，故名）那般自認爲文學社團，但這並不意味著他們的影響力不大。一九九七年（就在托爾金膺選爲廿世紀最受歡迎作家的調查之後），記者雷諾茲（Nigel Reynolds）就評道：「（這次的調查）說明了一九三〇年代牛津的『吉光片羽』社比『布魯姆斯伯里社團』、紐約的艾戈奎（Algonquin）、海明威的巴黎或是W. H. 奧登、伊許伍德（Christopher Isherwood, 1904-1986，美籍英作家，曾與奧登合寫日記《戰地行》，記載1938年周遊中國之見聞）等一九三〇年代的作家社團，有更重要的力量。」

在托爾金看來，「吉光片羽」的全盛時期可能延續到二次大戰末，當時他正在努力撰寫「新哈比人」的最後一冊，但幾年之內，他和幾位成員的關係卻起了變化，《魔戒》最後一部分沒有在「吉光片羽」的聚會中讀給其他成員聽，就是他們情感轉薄的一個例證；而佛羅多和山姆還留在魔多域外，尚未進入魔界。

一九四六至一九四七年，托爾金較少參與「吉光片羽」的活動，他們也較少在魯益思的研究室聚會，而改到牛津市另一家稱作「公鹿」的酒店（如今的奧茲酒店）。這個酒店被一分爲二，樓上是個大房間，窗前有沈重的天鵝絨窗簾、吧台、鋼琴、和小廚房，可以供應餐點，幾乎全由校內人士盤踞，而樓下則是一般人喝酒的地方。

「吉光片羽」社幾乎每周在此聚會，不過托爾金對這樣的地點興趣不大，因爲它不像「鳥和寶寶」那樣優雅，甚至重喝酒而輕閱讀，酒店常客對當時的回憶是，樓上常傳來一次大戰軍歌的聲音，雖然魯益思喜歡跟著哼，但托爾金卻不愛這一套。

托爾金和魯益思由一九二六至一九四六年交往廿年，但後來關係轉淡，到一九五〇年初，原本的友誼幾乎蕩然無存。「吉光片羽」社的聚會可能一直持續到一九六三年，也就是魯益思去世前一年，但那時托爾金幾乎不再參加聚會，這對老友也很少見面。兩人交情轉淡的原因，和當年兩人交誼時一樣複雜，爲深入了解，我們得考量托爾金性格中較陰暗的那一面。

托爾金多年來都喜歡戴森和華倫・魯益思。他是韋斯曼的密友，年輕時也和T. C. B. S.的其他成員有親密的交往。他也和牛津其他學者有極好的交情，但在他而言，魯益思卻是其中最特別的朋友，他可以向魯益思敞開心懷，接納他的評論，而在整個「吉光片羽」社中，他也覺得自己和魯益思最志同道合，然而托爾金嫉妒心強，對朋友特別有占有欲，同時，如果朋友成功，受到認可，他也往往最容易產生瑜亮情結。

魯益思了解托爾金的不安全感和嫉妒心，早在一九三九年，他就曾寫信給哥哥華倫，談到托爾金的試煉「在於他複雜的本性難以捉摸。」

魯益思對托爾金的情感則並不那麼濃烈，他極敬重托爾金，喜歡他的陪伴，也由他們的友誼中獲得許多收穫，但他本身卻是較活潑、較不那麼傳統的人。魯益思和行事奇特的摩爾太太同居，不像他的朋友那樣有傳統的家庭生活，他擁有許多好朋友，在許多方面的心態也更自由解放，因此能夠享受更瀟灑的私生活，這些因素都促進了雙方的友誼。但自一九三〇年代末期起，卻有三件事影響了兩人：魯益思的宗教信仰、魯益思的書熱賣、還有可能是最重要的，魯益思的新朋友。

魯益思自幼受愛爾蘭新教徒教養，但他長大成人後，卻拋棄了一切宗教信仰。托爾金漸漸地才對此略有所知，不過一當他發現這個事實，就以啓發朋友認識宗教義理眞諦爲己任，因此他們自然有許多以宗教爲主題的長篇對話。

雖然魯益思一九二〇年代中葉自詡爲無神論者，但他其實深思過宗教問題。戰後不久，他對於宗教就已經發展出他所謂的「新觀點」，同時據此把宗教當成神話，只是這樣的觀點隨時間而逐漸改變，一九二六年他結識托爾金時，正是對信仰中某些最深入的問題感到大惑不解之時，而托爾金的信仰更加深了這樣的疑惑，至少一開始是如此。

魯益思知道他的新朋友是他所見最有趣、最聰穎，也最有智慧的人，但他卻是個虔誠的天主教徒。他原本可以把托爾金的信仰斥爲一廂情願，但他並沒有這樣做，而試著把信仰和知性分開，認爲或許有人有深刻的智慧，但他們的信仰卻來自完全不同而更有影響力的源頭——雖然這種說法禁不起考驗。

我們雖然不能說托爾金說服魯益思皈依宗教，但他對自己信仰的描述和對教義的闡釋，卻讓魯益思重新思索宗教的意義。在他倆一九二六至三一年初交往期間，魯益思對宗教的觀點邁了很大的一步。到這段期間結束之際，他已經認定世上有上帝，但他對上帝的看法卻並非如傳統基督教的看法，而更像東方宗教的神，是多神的上帝，是靈感的泉源，是大自然的根基，而不是聖經上所描述的上帝。

托爾金和魯益思之間有許多熱烈的對話，其中有一段是他們辯論的轉捩點，也是魯益思由無神論轉爲有信仰的關鍵。

那是一九三一年九月十九日周六的早上，魯益思和托爾金的朋友基督徒戴森如常赴牛津，和魯益思與托爾金一起在莫德林用過餐，他很清楚兩個朋友爲這個題目的多次談話，也很樂於加入這個話題。晚餐後，三個人一起外出散步，話題自然落到基督教上。魯益思那時正主張多神論，因此不能接納正統的基督教信仰，而基督教的中心思想是要相信基督，認定他爲了拯救我們的靈魂而被送上十字架受死。魯益思和托爾金一樣，都是古神話學者，熟讀英雄故事以及異教徒的道德救贖。在他眼裡，耶穌的故事只不過是另一則傳說，另一則神話，就和其他的神話一樣，對他和整個世界都沒有更多的意義。何況他還認爲，神話其實都是謊言。

托爾金仔細聆聽了好友的議論，等魯益思發揮完畢，雙手一攤，好像在說：「怎麼樣，你怎能不相信基督的故事只不過是另一則古代的傳說而已？」托爾金的回答改變了魯益思的人生。

托爾金說，神話當然不是謊言。神話源自眞事，呈現非常特別的文化意義，基督教是基於魯益思所謂的「基督神話」，如此說來，你雖可以稱之爲神話，但它基本上是源自眞正的事件，是來自眞理。因此沒有神話可以說是謊言。托爾金認爲基督教核心的「神話」指引了道路，讓每一個人都可以追尋非物質的層面，是追求更深遠性靈的內心路徑。

雖然魯益思並沒有立刻獲得啓發，但這段談話的確讓魯益思開始以全新的態度思索信仰的問題。魯益思永遠沒有接受基督教的某些教義，他的知性總是阻撓他的信仰。他曾寫信給朋友說：「我怎能相信這個荒誕不經的故事？」不過在魯益思舌戰托爾金和戴森之後不到兩周，他就寫信給朋友葛瑞夫斯（Arthur Greeves）說，他已經揚棄了長久以來的想法，如今已經可以接納基督，也就是說，他自認爲是「基督徒」。

雖然魯益思在宗教思想方面明顯受托爾金的影響，但九月晚間這段談話也讓我們清楚地看出這兩個朋友相濡以沫的情景，以及這樣的過程帶給他們多少的寫作題材。魯益思在後來的文學生涯中，一再地闡述基督教是神話這樣的想法，這也是他知名的《納里亞故事集》（托爾金厭惡這個作品）和科學三部曲《來自寂靜的星球》（一九三八）、《太白金星》（一九四三）、和《猙獰暴力》（一九四五）的主旨。把基督和魯益思所熟悉的知性思維（神話的意義）結合在一起，就彷彿可以讓他先把宗教理性化，接著再讓它變成一種本能，一種熱情。

諷刺的是，這段在一九三一年九月發生的重要談話，雖然使托爾金和魯益思的關係更進一層，但也埋下了雙方日後心結的種子。托爾金誠心希望魯益思可以皈依天主教，甚至兩年後他還在日記上寫著：他和魯益思的友誼「除了相互給予安慰和快樂之外，同時也獲得極大的益處，因爲我們交往的對象既誠實勇敢又知性——既是學者、又是詩人，還兼哲人，同時也是在長久的朝聖之旅後，深愛我主的人。」

不過托爾金卻嚴重誤判了他的朋友，魯益思非但沒有接納天主教，反而回歸到托爾金痛恨的愛爾蘭新教。因他協助而找到上帝的人竟投了敵營，而且還因此名聞遐邇，他們的友誼也開始有了裂痕。

在魯益思這方面，他對天主教及其教義一點興趣也沒有，他和哥哥華倫常對愛爾蘭天主教表示輕蔑之意，托爾金提到自己虔誠的宗教信仰，或是談到魯益思認爲可笑的宗教儀式之時，魯益思也難掩厭惡之情。

由於兩人都是作家，魯益思皈依新教讓托爾金倍覺難堪。由尋覓上帝，由尋覓基督，到成爲信徒，魯益思竟一躍成爲基督教的護教者，而且也以此名聞遐邇。魯益思發表了《浪子回頭》（一九三三），速度之快，教托爾金不免覺得匪夷所思，而在一九四〇至四一年間空襲執勤時寫就的《地獄來鴻》，則在基督教雜誌中連載，一九四二年集結成冊，引起國際間的廣大迴響。托爾金不喜歡這些書，而且相信魯益思並未深思自己的宗教觀，在思想還不夠成熟的時候，就把它形諸筆墨發表。

一九四〇、五〇年代，魯益思發表了許多膾炙人口的作品，各有不同的風格和體裁，不過全都以寓言的形式來呈現他的宗教觀點。《來自寂靜的星球》和稍後以《魔衣櫥》爲始的《納尼亞故事集》，全都以宗教寓言爲主要的形式。

魯益思把《地獄來鴻》獻給托爾金，在送給托爾金的那本書上，他題了「惠我良多，聊表心意」，但其實托爾金並不喜歡這個故事，認爲它太平庸，寫得太潦草，不過他討厭這個故事眞正的原因在於，他是個基本教義派的天主教徒，深信鬼神之說，認爲以輕浮的態度來面對這樣嚴肅的課題，未免不智。

托爾金最嚴厲的批評是針對魯益思最有名且最成功的作品《納尼亞故事集》。魯益思自一九四九年春天起，把這個故事讀給「吉光片羽社」的成員聽。在這之前有十年左右的時光，托爾金在聚會時把他的《魔戒》故事讀給「吉光片羽社」的朋友聽，由哈比人的故鄉一直到魔多之域，深深吸引衆人，但如今魯益思卻以飛快的速度創作自己的神話，他往往在幾天之內創作極長的段落，再讀給同好聽，這樣的速度教托爾金覺得不安，而且他也討厭魯益思的故事，覺得它前後不一，無法連貫。他嚴以律己，也期待朋友達到相同的標準。

托爾金毫不掩飾自己的厭惡之情，並且在聚會時公開表示他不喜歡《魔衣櫥》。魯益思的學生葛林（Roger Lancelyn Green）偶爾會參加「吉光片羽社」的聚會，也曾在聚會時聽過魯益思讀草稿，不過托爾金卻不肯參加這樣的聚會。後來有一次托爾金在街上碰到葛林，後者提起魯益思，托爾金這麼說：「我聽說你們在讀魯益思的兒童故事，不該這樣做。」

托爾金除了對魯益思文思泉湧、寫作速度飛快感到不安之外，還有其他的不滿。一九四〇年代中期，魯益思已經成了家喻戶曉的作家，他的《地獄來鴻》售出約二十五萬本，科學小說也佳評如潮，一躍登上世界舞台。相較之下，《哈比人歷險記》雖然賣得不錯，但卻寫不出續集，何況他眞正覺得有意義的《精靈寶鑽》還找不到有興趣的出版商，而魯益思才寫完《魔衣櫥》不到幾個月，登門搶版權的出版社就絡繹於途，這對托爾金不啻是雪上加霜，也因此，到當年十月，每周四「吉光片羽社」在魯益思研究室的聚會無疾而終，這群人較少聚會，聚會時也不再拘泥形式，甚至只在牛津的酒館相見。

更有甚者，托爾金開始疑心魯益思「借用」他的題材。他認爲魯益思書中有些地方和他的作品相似，只是經魯益思改寫重作，甚至改變他的名字。一個例子是魯益思的「提尼醉爾」（Tinidril），托爾金懷疑這是把他的「伊醉爾」和「提尼維」合在一起之後改造使用。在托爾金擁有的那本《太白金星》中，就有一段托爾金親筆寫的眉批，用語尖酸：「希望不是舊瓶裝新酒吧？」

魯益思交遊廣闊，不時結交新朋友，而他也很容易就對新朋友推心置腹，甚至到英雄崇拜的地步。他會熱心地把新朋友介紹給老友認識。魯益思就曾引薦許多朋友給托爾金，不過托爾金最不快的一次是當魯益思初識作家查爾斯‧威廉斯時，魯益思急著昭告諸親友威廉斯是多麼好的人，說他「外表雖醜，但只要開口五分鐘，人人都會忘卻這個缺點，因爲他的臉宛若天使容顏。不論於公或於私，他都是我所認識的人中，談話充滿最多愛的人，教人難以抗拒。」這原是魯益思慣常的評語，但威廉斯不是泛泛之交，他和魯益思的交情甚至威脅到魯益思與托爾金的友誼。

威廉斯是三個孩子中的老大，一九三六年他和魯益思初識之時，已經五十歲了。他的學業有點挫折，原本他在聖阿班斯中小學獲得獎學金，也在一九〇一年進入牛津大學學院就讀，比魯益思早十五年，前途不可限量，但後來他父親財務發生困難，無法負擔他的學費，因此他不得不輟學。後來他任職牛津大學出版社，出了一系列的小說、非小說，和詩集及劇本。

一九四〇年，威廉斯已經寫了廿七本書，因剛出版的《獅地》而引起魯益思的注意。一九三九年，威廉斯帶著妻兒遷往牛津，一直到二次大戰結束，此後他常和魯益思見面，也非常重視魯益思的友誼和建議。威廉斯一九三九年寫信給妻子時，曾提到他新結交的朋友：「我逃到C・S・魯益思的房裡……他是個茶仙，任何時候，不分晝夜，他都可以喝茶，也爲我準備牛奶和茶，還隨手備一把電壺。」最教托爾金惱怒的是，不久之後他總不請自來，參與托爾金與魯益思十年如一日，每周一在東門旅館的單獨聚會，和他們一起談天說地。

魯益思很快就和威廉斯形影不離，也開始居間活動，要校方請威廉斯擔任大學的講師，雖然因爲威廉斯沒有大學學位，各方反對，但魯益思終於達到他的願望（主要是因戰時符合教學資格條件的教員奇缺之故），後來也在他的活動之下，讓威廉斯獲得牛津的榮譽碩士學位。

雖然，或者該說正因爲魯益思的奉承，使托爾金對這位新朋友一直抱著戒心。有些人覺得威廉斯其實非常傲慢、自我中心，他之所以參與「吉光片羽社」，主要是爲了彌補他未完成的教育，而托爾金顯然對此人並無好感，他也不喜歡威廉斯的作品，尤其是他闡述亞瑟王傳奇的《亞瑟其人》。

托爾金對威廉斯的宗教和哲學立場也一逕抱著懷疑的態度，威廉斯的想法有許多都和托爾金恰恰相反，其實威廉斯本來就是個矛盾的人，他既是英國國教的虔誠信徒，卻又迷戀神祕主義和玄學祕術，曾加入知名的神祕團體「黃金黎明會」（Order of the

Golden Dawn），而聲名狼藉的柯羅利（Aleister Crowley）也是其中的會員。然而一到周日，他依舊上教堂禮拜祈禱。他在哲學和性靈上的這兩種興趣，呈現在詩中時非常有意思，但托爾金自幼就對清教徒沒有好感，對這個對煉金、魔鬼崇拜和巫術都有興趣的清教徒，也無法一視同仁。

還有一層，威廉斯有很嚴重的虐待傾向，雖然他未形於外，也是個好丈夫和慈愛的父親，但在他的詩和小說中，卻表達出這種心聲。他在名爲〈反基督〉的詩裡寫道：

「我的理智喜歡支配我／敲她可愛的頭／以深刻的痛苦爲緩慢的刑具。」

這種虐待的傾向加上他對祕教的興趣，使他的作品風格獨特，不過據他的朋友說，威廉斯只能勉強控制自己的情感，努力用意志克服自己的黑暗面。

即使不牽扯他們和魯益思之間錯綜複雜的關係，這一切也足以使托爾金和威廉斯難交朋友。不過很明顯的，托爾金只是覺得嫉妒，覺得威廉斯搶走了他的朋友魯益思。他和威廉斯頂多只互相容忍，即使後來雙方熟識了，這樣的情況依舊沒什麼改變。他們每周兩晚在一起聚會，如此六年，但卻不能信任對方，只要威廉斯在，托爾金就覺得渾身不對勁。

不過魯益思對這些似乎毫無所覺。他對威廉斯矛盾的個性覺得很興奮，也崇拜他的智慧，甚至誤以爲他的朋友都和他有同樣的感覺。他曾寫道：「到一九三九年，威廉斯和我所有在牛津的朋友就像和我一樣親。」（語出他的紀念文章，收錄在「吉光片羽」社成員及其友人收輯的《威廉斯紀念文集》，於一九四七年威廉斯去世後兩年出版。）不過托爾金在他的那本上寫的評語，依舊老實說出他對威廉斯的觀感。他的眉批寫道：「老天，在他來牛津住以前，我從沒有見過此人。」

托爾金常故意忽視魯益思的熱忱，或和他唱反調。他覺得他這位朋友太容易受感動，容易識人不清。多年後他對記者談到威廉斯時說：「我讀了很多他的書，但我不喜歡它們……我和威廉斯不太熟。」

到一九四〇年代末，托爾金和魯益思的友誼已然結束。兩人因截然不同的宗教觀點而生疏，托爾金嫉妒魯益思的作品叫座，威廉斯的介入造成了雙方的怨懟，兩人關係也因此更生分，而到一九五二年，摩爾太太去世後一年，魯益思愛上喬伊·葛雷許（Joy Gresham），終於使雙方友誼結束。

突然出現在魯益思生命中的這名新人，破壞了他和托爾金僅存的一點情感。葛雷許是個小有名氣的作家，她先生也是作家，名叫比爾·葛雷許。一九五二年她赴英時結識魯益思，兩人很快就熟稔起來，墜入愛河，喬伊返美離婚之後，帶著兩個兒子回到英國，不久就進駐「窯爐」，成了魯益思的情人。

兩人認識後四年，在牛津註冊結婚，魯益思的朋友無人參加婚禮，包括托爾金在內的許多朋友，都是在《泰晤士報》上讀到這則消息才聽說此事，托爾金因爲魯益思沒有親口把這消息告訴他，而大爲不快。

不過此時，魯益思已經知道，他和托爾金之間的友誼之火已滅，兩人之間憎惡益深，他也知道如果把這消息告訴托爾金，後者會有什麼樣的反應。托爾金和喬伊不熟，不過他爲了許多原因，強烈反對兩人交往。首先，她是直言無諱、主張女性自主而又獨立的美國女性，不是托爾金喜歡的那型，再說她已經離婚，又有兩個小孩，還是猶太人，剛皈依長老教會，和托爾金的天主教又是天壤之別。更糟的是，她的寫作方向轉向魯益思所寫的作品，把自己的精力花在托爾金所謂的清教徒宣傳品上。諷刺的是，艾迪絲倒和喬伊結爲朋友。

等魯益思和喬伊結褵時，托爾金已經很少與他的老友見面了。一九五四年，魯益思接受了劍橋大學中古和文藝復興時期英文教授的職務，較少來牛津。他依然和托爾金維持友好的關係，也爲《魔戒》寫了一篇極佳的書評，因爲在一九四九年底，兩人維持親密的最後一段期間，托爾金借了他一份《魔戒》的手稿，徵詢他的意見。不過一九六〇年喬伊去世，魯益思孑然一身之後，兩個老朋友之間的情誼不再，也並未再和對方聯絡。

魯益思一九六三年十一月去世時，托爾金拒絕各方邀請，並沒有寫弔唁文章，他甚至也很少提及魯益思。而他對兩人長久友誼的結束，只有一小段尖刻的批注——在魯益思去世後不久的一封信中，他寫道：「我們先是因威廉斯的幽靈突然出現而生疏，接著又因魯益思的婚姻而漸行漸遠。」

此番話對兩人深厚的關係是個悲傷的注腳，然而這段友誼依然讓彼此各有所獲。

# 第九章　哈比人

一九三〇和一九四〇年代是托爾金生涯中，生產力最旺盛的時期，他的種種想法和文學作品在這段時期都開花結果，原本鬆散凌亂的兒童故事，後來吸引了無數的讀者，而在此時，他也站穩了作家的地位。

沒有人確定托爾金什麼時候開始寫《哈比人歷險記》，連托爾金自己也記不清楚，就像《布里斯先生》、《羅佛蘭登》或《聖誕老公公來鴻》一樣，它成了小孩子們的床邊故事。我們只能揣測托爾金在批閱期末考卷寫下頭一個句子之後，不時地思索這個故事，把它記載下來。一九三七年在《哈比人歷險記》初次出版之後，克利斯多福在寫給聖誕老公公的信上提到，他父親數年前曾把《哈比人歷險記》讀給孩子們聽，不過當時結尾還沒寫完，除此之外，托爾金在「吉光片羽社」成立之前，曾把最後章節還沒寫完的草稿借給魯益思讀，當時「湯煤人」還在讀冰島史詩傳奇，因此本書最早可能在一九三一年就已經完成了一部分。

除了托爾金的家人之外，魯益思很可能是讀這個故事的第一人，他立刻就著迷，在寫給朋友葛瑞夫斯（Arthur Greeves）的信上，他說：「這學期開始以來，我有了一段快樂的讀書時光，讀的是托爾金寫的兒童故事。我以前和你提過他：要是時光可以倒流，他一定是我們年輕時的好朋友，因爲他也是讀莫里斯（W. Morris）和麥唐納（George Macdonald）長大的。讀他的神仙故事教人感覺很奇特，因爲它正是我們倆一九一六年時渴望寫（或讀）的作品：教人覺得這不是虛構，而只是描述我們三個都能去的世界……這世界是好是壞，是另一回事，至於這故事能不能吸引現在的小孩子，也是另一回事。」

其實《哈比人歷險記》的靈感大部分來自於托爾金年輕時的生活，他小時候讀的書、他玩的幻想遊戲。就表面上看，書裡有他年輕時的各種記錄：他的珍阿姨就住在渥斯特郡的小木屋裡，而在蘭格的故事書裡，也常常提到龍。托爾金在里茲大學教書時，最早期寫的兒童故事就寫過龍，更重要的是他寫的一系列詩，稱作《畢波貝的故事和歌曲》，其中一首〈龍之訪〉描述龍攻擊熟睡的畢波貝。另外，《聖誕老公公來鴻》的精神也融在《哈比人歷險記》裡，讀過《聖誕老公公來鴻》的文壇朋友就指出這一點，其中一位，也是語言學者的達德尼（Simonne d'Ardenne）就說：「這些可愛的信是《哈比人歷險記》的來源，而托爾金也因哈比人而出名。這是後來寫給成人讀的童話——《魔戒》的起源。」

不過當魯益思寫道：「教人覺得這不是虛構，而只是描述我們三個都能去的世界」，他指的是托爾金（就像魯益思和葛瑞夫斯）保留了童年時期所培養的幻想世界，托爾金正是創造出比爾博這種角色和夏爾這樣地方的典型作家。

托爾金出名之後，曾很得意地宣稱他是個哈比人。這當然是個玩笑，但托爾金的個性和典型的哈比人的確有相似之處。在許多方面，托爾金和比爾博·巴金斯沒什麼兩樣，托爾金不信任、甚至還輕視廿世紀，他認爲科學和科技對人類的命運毫無建樹，他不願買車，直到買車成爲實際的需要，才讓艾迪絲買了一輛（即使如此，幾年後他們還是把車給賣了）。他從沒買過電視機，也很少聽收音機。他討厭現代文學、音樂和戲劇，也沒有時間理會當代政治，我們可以說他並不眞想活在現代世界裡，而這種不認同卻是他創作的原動力，他更喜歡「中土」。

不過就更現實的層面而言，「哈比人」是一種典型，是托爾金所認識，和托爾金一起長大的同伴的典型。哈比人是以一群現在已經幾近絕跡的英國男女爲雛型，是以二次大戰前，英國中部的人爲模仿對象的人物。

比爾博‧巴金斯是個中產階級的英國人，他就像托爾金一樣，對進步和創新感到不滿，他喜歡他的菸斗和安樂椅，得經人遊說許久，才肯加入探險。但一旦他參加之後，卻成了英雄；而像山姆這樣的哈比人，則代表英國勞工階級，是一邊吹口哨，一邊騎車上工的市井小民。

《哈比人歷險記》起自電光石火的一閃靈感，一刻啓示，或者如傳說中的，是當托爾金正在作白日夢時，看到地毯上有個洞而生。不過他由那創意泉湧的一剎那，開始向後回想「在地底洞中住著一個哈比人」，好，但何謂哈比人？爲什麼他住在地下的洞裡？

要回答這些問題，托爾金得把故事拉回幾個階段，找出這些角色是誰，並且爲他們建立起個性。因此他所認識的人——他在伯明罕的親人、個性堅毅的里茲學生、戰壕裡他很想交往的士兵、大餐桌上的教授、牛津市中央市場的雜貨商，他們全都融入了托爾金的熔爐。

有一段時間，《哈比人歷險記》的手稿一直未完成，被遺忘在桌上的抽屜裡，要不是托爾金偶爾會打開抽屜，把草稿借給信任的親朋好友如魯益思等看，這書可能永遠也不會出版。

在較早的版本中，比爾博會溜到惡龍史邁格的洞中屠龍，還有一些重要細節也不一樣：惡龍的名叫「普拉夫頓」，「甘道夫」則是矮人領袖的名字，巫師則叫做「布拉多辛」。很可能「吉光片羽」社的成立，鼓舞了托爾金打開抽屜，取出塵封的手稿，但即使如此，依然得先寫完最後的章節，而故事的結局是惡龍瀕死，但紙上卻沒有描寫最後的場景。托爾金在魯益思的研究室朗讀草稿之後，可能放棄了布拉多辛這個名字，而保留甘道夫，因爲他決定所有矮人名字都取自古冰島詩集《老埃達》。

在讀過手稿的人中，有一位是托爾金以前的學生，名叫艾琳・葛瑞菲斯（Elaine Griffiths），一九三六年，她爲倫敦「艾倫與昂溫」出版公司修改《貝奧武夫》的翻譯。葛瑞菲斯大學時的老同學蘇珊・戴格奈爾（Susan Dagnall）則以出版公司主編的身分，來倫敦和艾琳討論《貝奧武夫》的版本，兩人共進午餐時，艾琳提到托爾金教授寫了一本很精彩的兒童故事，建議戴格奈爾當天順便走訪托爾金，看看能否借到手稿。

戴格奈爾原以爲她一定會碰釘子，沒想到托爾金竟然欣然出借他的手稿，她答應會盡快奉還，接著去趕火車。由於好奇心起，她在回倫敦的火車上就展讀了托爾金的手稿，幾天後也如約歸還，並附了一信，說她覺得此書很有潛力，但得要先完成，她才能交給出版公司的主管評估出書的可能。

托爾金非常興奮，立刻就開始著手。當時是一九三六年八月，正是他寫書的好時機，因爲正當暑假，他已經把期末考卷批改得差不多了，而還有兩個月才會開學。當時已近十六歲的麥可在學校因割到窗戶玻璃傷了手，但還是可以靠單手幫父親打字，到十月三日，就在開學之前，《哈比人歷險記》改寫完成，寄給蘇珊。托爾金在手稿封面上打上「哈比人，歷險歸來」。

蘇珊拿到新手稿，非常欣喜，立刻給公司董事長昂溫展讀，他很喜歡這個作品，但也希望試試目標讀者的反應，因此把手稿交給他十歲的兒子雷納，花了一先令的代價請他寫一篇簡短的讀書報告；後者認爲這本書一定可以吸引五至九歲的孩子。

不到一周，艾倫和昂溫就去函托爾金，表示要出版這本書。

托爾金隨手稿還附一套圖畫給蘇珊，出版公司認爲其中有些可以收進書裡，但托爾金有些遠大的計畫和想法則無法實現。由於原圖用了太多顏色，他只得重新繪製。他還希望在書後附上中土的地圖，也希望索爾的地圖附在第一章文內，此外，他還很天眞的提議用隱形墨水印圖，把圖拿到光源附近，就可以顯示出來。

托爾金還寄了一套插圖給艾倫和昂溫，附上便箋寫著：「作者不會畫圖，這些圖畫得不好。」雖然他如此自謙，但編輯卻很喜歡他的畫，回信說他們將採用八張黑白插圖。

到二月，《哈比人歷險記》的校稿已經印好，送到托爾金諾斯摩爾路的書房，但托爾金吹毛求疵，一再地修改，使得校稿進行緩慢。托爾金不只潤飾，甚至還想作大篇幅的修改，出版公司一聽，力勸他打消此念，還說這會增加成本，任何更動的費用都得由他自付。但他不為所動，費了一番工夫，確定所有的句子都恰如其分表達他的意思。

其實他對校稿如此用心非常合理。在原來的版本裡，作者常跳出書頁和讀者直接對話，他不喜歡這種寫法，所以用了不少時間刪除改動這些文句，其他的問題則在於地理位置和故事的年代順序不夠連貫，這一切都得精心校訂。

一九三七年春，他花了兩個多月的時間修改校稿，書雖然改善得多了，但等手稿寄回倫敦的出版公司時，老闆已經氣得跳腳，認為他非得每一個字都精雕細琢，重新修改，實在是不堪忍受。

接下來的問題在於出版日期。艾倫和昂溫基於許多理由，希望書能在九月底出版，這是聖誕禮物市場的絕佳時機，而且可以在校對延誤之後，有足夠的時間排版印刷。

托爾金卻希望六月出版，因為在修改《哈比人歷險記》的那一年，他拿到了一筆研究獎助金，雖然他平時仍忙於研究，只在閒暇時才寫小說，但他可不希望其他同事誤會，以為他拿獎助金（自一九三六年十月起為期一年）貼補生活，才有空去寫兒童故事。托爾金認為，如果書六月出版，大家就不會有這樣的誤會了。

昂溫知道托爾金擔的是無謂的心，哪裡肯屈服，於是書還是在一九三七年九月面世，不到聖誕節就已經搶購一空，托爾金的同事對此一無所知，直到泰晤士報登了書評，而據托爾金自己告訴昂溫說，同事們的反應是「驚訝，還有一點憐憫」。

這樣的反應聽來有點奇怪，但若了解教授們的心態，就不難明白。牛津劍橋本來就以憤世嫉俗聞名——其實許多學術單位都是如此，只是牛津劍橋尤然，許多教授不論對任何事都抱著嘲諷的態度，這對他們而言是一種自我防衛，是爲了支撐不合時宜的優越感。托爾金明白這一點，他知道其他教授會取笑他，但當他發現同事不能忽視他的書時，自也難免竊喜。他告訴昂溫說：「常有人問我，我的哈比人到底長得什麼模樣，拜占庭希臘文教授就買了一本，他說，《愛麗絲夢遊奇境》（由另一位牛津學者查理・道吉森 Charles Dodgson 所著）的第一版現在價值連城呢。」

泰晤士報的書評由C・S・魯益思執筆，他對本書讚譽有加，他寫道：「喜愛兒童書，可以一讀再讀而不厭倦的成年讀者該注意了，一顆新星已經誕生。在訓練有素的讀者看來，有些角色簡直如神話的創作一般……托爾金沒有捏造任何東西，他深入研究小矮人和龍，並且忠實地描述他們，文思泉湧，創意不絕。」

就在這篇書評見報前幾天，魯益思才在《泰晤士報》文學版副刊上發表了另一篇書評，他寫道：「再沒有比托爾金教授所創作的兒童故事，能讓你有角色栩栩如生、歷史歷歷如繪的感受，他對書中內容的了解深刻入微。」

托爾金擔心別人知道：書評的作者就是他的朋友，因此告訴知道內情的所有人說，魯益思是他所知最正直誠實的人，他的情感是眞實的，若非心有所感，他不會只爲了促銷書籍就寫出如上的書評。這當然是眞的，而且魯益思終身從沒有停止推銷托爾金的書，即使在他們友情淡薄之後亦然。他在一九三〇年代末出版的書《今世和其他世》一書中，也談到《哈比人歷險記》：「我們必須了解這本書之所以稱爲童書，是因爲它可以在童年時期就讀第一次，但一讀再讀也不會厭倦。小讀者讀愛麗絲非常認眞，但成年讀者卻能領略其間趣味，《哈比人歷險記》則恰巧相反，在小讀者看來最有趣，而當他們長大，讀一、二十次時，就會明白作者用了多麼淵博的知識，多麼深刻的思想，才讓這一切內容如此成熟，如此好讀，如此眞實。預言往往有失準的危險，但我們可以預言，《哈比人歷險記》一定是經典之作。」

十年之後，魯益思又寫道：「《哈比人歷險記》因爲書中風格的變化，而避開了只顧刺激情節的缺點。書的前幾章比較幽默和溫馨，但隨著故事進展，哈比人的氣氛慢慢消失，我們不知不覺地進入了史詩的世界。」

甚至《哈比人歷險記》尚未在英國出版之前，就已經吸引了美國一家大出版商的注意，這家公司派駐在倫敦艾倫與昂溫出版公司的編輯法斯（Charles Furth）於一九三七年五月寫信給托爾金，告訴他波士頓的米夫林（Houghton Mifflin）公司想要在美國出版該書，此外他們還希望在文中附上彩圖，想詢問托爾金能不能提供。

托爾金非常高興，說他會盡量作畫，但一邊又擔心出版公司會覺得他的畫不夠好。此時法斯和艾倫與昂溫出版社的其他同仁都已經習慣托爾金的工作方式，也知道他不是好合作的對象。先前在二月時，他們就接獲托爾金吹毛求疵的指摘，說印得還不錯，只除了圖有兩處細節待改進，一個是背景樹上的線條有點斷裂，另外，在圖中央火上的點也印得不好。

托爾金身兼多職，自然沒有多少時間，但他並不希望由其他人爲他的書畫插圖，因此寫信給法斯說，就算他自己畫的不好，至少也要對美國版本有各項細節的否決權，因爲他「打心底厭惡」迪士尼電影的一切。

不知爲了什麼原因，這封信一字未改被轉寄到米夫林公司。托爾金聽說之後，感到十分難爲情，不過波士頓的編輯群倒心無芥蒂，同樣積極爭取書的美國版權。到一九三七年八月，他克服了不安，發揮美術天分，在繁忙的考卷和行政工作之外，爲這本書畫了五幅彩色插圖，包括「瑞文戴爾」、「山坡」、「比爾博在陽光下醒轉」、「和史麥格談話」，和「比爾博來到小精靈之屋」，米夫林在第一版中只有最後一幅圖沒用，而艾倫與昂溫一九三八年初印第二版時，則把它們全都收錄進去。

托爾金很爲這些畫作得意，不過他還是有所批評。昂溫在第一版的書皮折頁上寫了一段廣告詞：「托爾金有四個孩子，他們小時候，就聽《哈比人歷險記》長大。此書手稿後來借給牛津的朋友，也讀給他們的孩子聽。《哈比人歷險記》的誕生教人想起《愛麗絲夢遊奇境》，這裡是另一位深奧學科教授的遊戲之作。」

言者無心，聽者有意。托爾金針對這短短的一段話寫了三頁批評，他說，他並沒有在孩子小時候讀這個故事給他們聽，因爲他的老大約翰聽到這個故事時已經十三歲了，此外，他也並沒有把草稿「借」給任何人讀，而讀過草稿的人也絕沒有把稿子讀給他們的孩子聽。還有一點，托爾金聽不得古英文是深奧學科這樣的話，雖然昂溫所犯的另一個錯誤更嚴重，因爲《愛麗絲夢遊奇境》的作者道吉森是數學系的講師。托爾金接著又說，道吉森並不眞正是教授，而是學院講師（這個差異在牛津教授看來，是天壤之別）。他也不喜歡人家說這本書是他遊戲之作。

這封信說明了托爾金和他的出版商所面臨最大的問題，《哈比人歷險記》和托爾金其他的小說出自於一位十分特別的作者。托爾金生性挑剔，容易鑽牛角尖，而且有時也很難合作，他不諳世事，完全無法了解出版業或其他任何行業的工作，老實說，整個商業世界對他而言都十分陌生。托爾金習慣慢工出細活，他喜歡一改再改，重新安排他的故事，他活在他的作品裡，除了他的學術研究、他的家庭和親朋好友之外，沒有其他的俗事干擾。他不懂昂溫爲什麼要如此這般的吹噓廣告，不知道爲什麼要引起大衆的好奇心，也不明白爲什麼要拿《哈比人歷險記》和《愛麗絲夢遊奇境》相比，因此他抓著這些小問題作文章，卻完全不懂人們的心理。他在牛津的象牙塔裡不問世事，以爲大家的想法都和他一樣。

這樣的態度使問題不止限於他和編輯之間的關係。《哈比人歷險記》在一九三七年大受歡迎，昂溫自然希望他能寫續集，托爾金也有這個想法，也幻想他在文壇大放異彩，改善家裡的經濟情況。一九三七年十月，《哈比人歷險記》出版後幾周，托爾金就抱持著這樣樂觀的態度。他在寫給昂溫的信中表示，他希望能很快就揮別改考卷貼補家用的差事，這種薪酬微薄的雜務已經讓他浪費了十六個夏天，他希望能做他愛做的事，而且由其中得到豐厚的報酬。果然，《哈比人歷險記》在聖誕節十分暢銷，到一九三八年他已揚名全英，因此似乎很有理由如此樂觀。一九三八年初，還有更好的消息，美國版的《哈比人歷險記》出版了，而且和在英國一樣，掀起一股熱潮。那年春天，托爾金獲頒紐約前鋒論壇報最佳童書獎，爲免志得意滿，他也決定寫續集。

但一方面因爲托爾金沒有商業眼光，一方面也因爲他不知道市場要他寫什麼，因此他躍上國際文壇是非常冗長而挫折的過程，但也因此，這段痛苦的歷程讓他創作出遠比《哈比人歷險記》續集更重要的作品。

# 第十章　戰爭與魔戒

《哈比人歷險記》降生在紛擾不歇的世上。當然，世上總是紛擾不斷，但一九三七年秋，離一次大戰的大殺戮還不到廿年，文明就再一次瀕臨破滅。那年春天，西班牙的格爾尼卡才遭法西斯黨猛烈轟炸，九月間，日本侵華，屠殺數千人。或許這正是托爾金作品暢銷的原因，因爲它提供了另一個現實，和眞實世界一樣有暴力有陰謀、有善有惡，但卻存在另一方天地，在那裡，沒有炸彈和迫擊砲，也沒有空襲和踢正步的納粹。

若說一九三七年發生了一連串的恐怖事件，一九三八年的情況也改善不到哪裡去，雖然有些人覺得世人不會重蹈上一代的覆轍，不至於再發生全球性的戰亂，但大部分的人都心知肚明，戰爭一觸即發。一九三九年九月，軟弱而又不切實際的英國首相張伯倫和希特勒會面，返英後表示世界會維繫和平，沒想到五天後，希特勒就入侵捷克，英法整軍待發，人心惶惶。不到十二個月，英國就向德國宣戰，這回全歐洲都成了戰場。

牛津在二次大戰能倖存，是因爲希特勒認爲牛津很美，希望能不計代價保存它的原貌，甚至還打算把它當作未來首府。因此在戰爭之初，參戰各國就協議，英國空軍不轟炸海德堡和哥丁根（德國中北部城市），德軍也不轟炸牛津和劍橋。

不過牛津的居民和其他地方的民衆一樣得受戰爭之苦。食物短缺、燃料配給，希特勒究竟會不會守信用，也在未定之數。即使如此，牛津依然是安全的避難所，它離海邊甚遠，因此德軍難以空襲，即使德軍登陸，大概也不會直攻牛津。一車又一車的國寶不斷由倫敦及其他地方運來，而在德軍發動突襲之前，已經有兩萬四千名婦孺被撤往牛津及鄰近的村落。

托爾金家也收容了難民，諾斯摩爾路的大房子如今只剩普瑞西拉和克利斯多福還在家，老大約翰正在羅馬受訓，準備要當神父，後來才撤回英國。老二麥可則在一九三九年入伍，但在正式擔任制空砲手之前，還在牛津三一學院待了一年。在戰爭後期，克利斯多福隨皇家空軍轉駐南非。

在各方面，托爾金的生活都沒有太大的改變。學校裡的學生數量雖然減少了，但課依然照上。他同樣得批改考卷、擔任行政職務，參加「吉光片羽社」的聚會，就好像什麼事也沒有發生一樣。托爾金和魯益思通常都和威廉斯、魯益思的哥哥華倫和韓佛瑞

（哈佛醫生）一起聚會，戴森也常由附近的芮丁大學前來參加，而柯格希爾也很活躍。老實說，「吉光片羽社」的活動在戰爭期間反倒最爲頻繁。威廉斯出現的確教托爾金覺得不快，但對「吉光片羽社」的其他成員而言，這樣的聚會卻能讓他們找到逃避，在家園二度捲入戰爭時，在菸草、啤酒短缺，得意門生很可能像廿年前的至交一樣一去不復返的失意中，找到喘息的空間。

在艾迪絲眼裡，這眞是一段不安而沮喪的時光。她的孩子得上戰場面對危險，而她丈夫卻一如往常，和朋友廝混。艾迪絲不得不面對事實，托爾金的生命中幾乎容不下她，甚至把她排除在外。她不喜歡他的朋友，所以避開他們。每次魯益思來訪，她都冷漠以待，兩人難以溝通。「吉光片羽社」和艾迪絲唯一的交集是哈佛醫生，他是她們的家庭醫師，會陪孩子玩，也會和艾迪絲聊聊。

艾迪絲不喜歡也不信任其他教授的太太。其他教授往往家境富裕，住在豪宅大院，相較之下，艾迪絲位於諾斯摩爾路廿號的房子就顯得寒酸。艾迪絲知道自己的出身比不上她們，她並非中上階級出身，教育程度也不如其他教授太太，雖然爲了她丈夫，她盡力參與社交活動，請人喝茶、午餐，盡量找話題打破冷淡的場面，但過了一陣子之後她放棄了，她認定自己打不進牛津的這個圈子。漸漸地，大家覺得她封閉且心胸狹窄，也就不再與她爲伍。

其實在許多方面來看，這倒挺適合她。她有她的家庭、她的孩子，對她的生活也很滿意。對丈夫當年強迫她皈依天主教，她迄今還耿耿於懷，也很少參加教會活動。托爾金年紀越大，信仰越虔誠，但他不想再強迫艾迪絲接受他的信仰。她的冷淡教他失望，兩人不同的宗教觀也一直是衝突的原因，到二次大戰開始之際，兩人終於大吵一架，把所有的怨恨和憤懣全都攤了開來。

這次大吵或許是出於戰爭和家人的分離所帶來的壓力。艾迪絲想到寂寞的未來，自然備感焦慮。戰爭爆發時，普瑞西拉年方十歲，還在讀書，但幾個哥哥不是已經離家，就是快要遠遊，托爾金一周有三天晚上和朋友廝混，就算他沒有和朋友出去喝酒聊天，也忙於工作。何況他也得盡戰爭的義務，和其他許多學者（包括魯益思和威廉斯）在晚上擔任空襲保護服務會員，負責觀察天空，偵測希特勒的戰機。在托爾金的生活裡，艾迪絲根本沒有容身之處。

除了這些問題之外，托爾金還入不敷出，難以維持舒適的生活。四個孩子的花費已經教他捉襟見肘——私立學校教育和大學學費、醫藥費，教作父親的喘不過氣來。托爾金深知學術生涯必會使他兩袖清風，他到大學來教書原本就不是爲了金錢，但隨著家庭成員增加，花費越來越多，他對一年一度批改考卷貼補家用的活計也越來越厭惡。他看到有些同僚可以藉在報章雜誌發表文章和出書賺錢，不免也期待自己在文學上的努力也能增加財富。

《哈比人歷險記》雖然暢銷，此時卻還沒有帶來大筆收入。他在一九三八年聽說美國的出版商售出了三千本，在英國出版的頭一年大概也售出了相同的數量，所得的版稅雖然實用，但並沒有爲他的生活帶來多大的變化。書的版權陸續賣給各國出版商，爲他帶來穩定的一點收入，但一直要到一九六〇年代中期，《魔戒》成功之後，才眞正帶動《哈比人歷險記》的買氣，讓他有大筆的收益。

《哈比人歷險記》的一片好評，使媒體和出版界注意到托爾金，他也不免覺得自己或能有一番作爲。一九三七年秋，他曾向昂溫提到朋友Ｃ・Ｓ・魯益思寫了一本小說，昂溫立即表示很有興趣拜讀。其實這本小說《來自寂靜的星球》已經被另一家出版社婉拒了，而昂溫後來也並沒有同意出版此書，但托爾金卻因爲這件事，知覺到自己的分量已經不同。

《哈比人歷險記》出版後幾周，昂溫就知道這本書賣得不錯，托爾金可能成爲文壇新星。他覺得讀者可能想更了解哈比人和他們的世界，因此寫信給托爾金。昂溫是經驗豐富的生意人，知道作家往往很難出第一本書就暢銷，而果眞暢銷，也得保持先前的寫作熱忱，才能寫出一系列佳作。因此他很自然地要托爾金寫續集——新《哈比人歷險記》。

托爾金的書房的確是文學寶藏，他的桌上有好幾篇兒童故事的手稿，還有成堆的文件、筆記、草稿、地圖、插圖、詩和散文，內容都是中土的第一和第二紀元，還有如貝倫、吉爾加拉德、愛隆等的英雄傳奇，精靈和主神的故事，以及魔苟斯和索倫邪惡的面貌。他能夠在這裡找到「新哈比人」嗎？

一九三七年十一月十五日，托爾金和昂溫相約午餐，一方面慶祝《哈比人歷險記》暢銷，一方面也討論未來的計畫。托爾金隨身帶了各種作品給昂溫過目，包括《聖誕老公公來鴻》書信、幾篇兒童故事、《精靈寶鑽》手稿以及尚未完成的詩作《貝倫與露西安故事詩》等。先前他已經把《布里斯先生》這篇兒童故事給昂溫和艾倫看過，雖然編輯覺得這個作品可能不太適合作《哈比人歷險記》的續集，但他還是希望讓昂溫再作考慮，看看是否能改寫出版。

昂溫拿到這一大堆手稿，很可能不知道該如何是好。《聖誕老公公來鴻》書信雖然很有意思，但不適合當《哈比人歷險記》的續集，這樣的書信集得配上彩色插圖，成本很高。《貝倫和露西安》的意境可能過高，而《精靈寶鑽》當時還是一堆故事，尚未完成，看起來好像和其他故事毫無關係，而昂溫想要的是另一篇和小說一樣長的歷險故事，內容包括比爾博、小矮人、精靈、魔法師，和地底巨人，背景是在中土，最好是比爾博這個空空妙手的另一次探險任務。

昂溫收下手稿，答應讓編輯一讀，他是個誠實正直的人，在出版界白手起家。托爾金教授已經用《哈比人歷險記》證明自己的能力，誰知道他牛津書房的抽屜裡還藏了多少寶藏呢？

可以想見，出版公司的編輯克萊克蕭（Edward Crackshaw）接到這些手稿必然大感迷惑，他在這些材料中的確看到一些精彩的片段，但這些並不是昂溫想要的稿子，托爾金也明白這一點。他寫信給昂溫說：「《精靈寶鑽》在我心裡。」而這些稿子也到多年之後才公諸於世。其實若昂溫有興趣出版《精靈寶鑽》，托爾金才會覺得吃驚呢，因爲現在還不是出版這本書的時機，它和《哈比人歷險記》好像出於不同作者之手。在出版兒童故事暢銷之後再出版這本書，似乎並沒有意義，也會教讀者迷惑。但除了這個原因之外，還有一個私人的原因：一九三八年，托爾金還沒作好由外人來編輯他這本傑作的心理準備，他知道這本書還沒有完成，還需要許多年的準備和成長，才能讓讀者對「中土」和西方之域有完整印象。《精靈寶鑽》目前還太個人，還深植於他的靈魂之中。

在此同時，他得把心思和才華放在兒童文學上，創造較傳統的故事，再度吸引讀者。在十二月中，托爾金接獲消息，他交給昂溫的手稿不適合出《哈比人歷險記》的續集（不過出版社也並未斷然拒絕），到十二月十六日，他回信說他會再構思新的哈比人故事，不過他還不知道自己要寫什麼，角色要如何安排，情節要怎麼鋪陳。

第二天，托爾金的編輯法斯（Charles Furth）寫信來，告訴他《哈比人歷險記》洛陽紙貴，他們不但得趕緊加印，還得自己派車去印刷廠拿書，才來得及把書送到書店。究竟是不是這個消息鼓舞了托爾金，已不可考，不過他當天就有了靈感，記下了新故事的重點。到十二月十九日，他告訴法斯新書的第一節已經寫好，叫做「期待已久的宴會」。

這是個好的開始，而且正值聖誕假期，他無須批改考卷，也沒有什麼行政工作要做。托爾金知道故事的起頭很容易寫，但要繼續下去則是另一回事。托爾金最不能忍受爲趕截稿期限而編造故事，或作任何需要應用創造力的事物，除非有靈感，否則他什麼也寫不出來。

他的研究範圍裡就曾有過一個例子。一九三〇年代初期，他就開始翻譯三首古英文詩作：〈珍珠〉、〈高溫爵士和綠武士〉以及〈奧菲歐爵士〉，要集結成冊，到一九六〇年代初，大功告成，只待他寫篇序即可出版，而托爾金早在幾年前就已經答應出版社要寫序了。一位又一位的編輯前仆後繼，使出渾身解數，要逼托爾金交出這篇短序，甚至請託他的朋友催促他，但完全無效，最後他們放棄了，這本書直到托爾金去世之後才出版，序文是由克利斯多福托爾金執筆。

但在一九三七年，托爾金卻在各種動機誘因下，努力構思他的「新哈比人」，最大的動力是創造新鮮事物的興奮之情，而且在他吸引這麼多讀者之後，當然也捨不得就此停筆。我們得記得托爾金和魯益思之間的瑜亮情結，他們此時還是好朋友，威廉斯雖然已經出現，但還沒有搬來牛津，介入他們之間。「吉光片羽社」正是產量最豐富的時候，魯益思寫出一份又一份的手稿，既有小說，也有非小說，他還爲報章雜誌寫稿，在托爾金和魯益思領銜的社交圈裡，魯益思似乎最有可能在文壇大放異彩。

最重要的一點是，魯益思是個快手，似乎有無限的精力，還有各種各樣的點子。在《哈比人歷險記》出版之前，魯益思已經出版了兩本非小說：《浪子回頭》，和《愛的寓言》（*The Allegory of Love*）。一九三七年，他只花了幾個月的時間，就寫成了《來自寂靜的星球》。托爾金受不了魯益思的速度，他自己的寫作方式完全不同，他字斟句酌，力求完美，除非多次重寫修改，否則絕不把作品輕易示人。

或許最教人驚訝的是，托爾金和魯益思在此時竟然討論起一起寫書的計畫，這個主意由魯益思先提出來，因爲他覺得他們兩人都喜歡的書太少，不如自己執筆。魯益思想寫關於太空的書，而托爾金則負責寫時間，魯益思於是寫出了《來自寂靜的星球》，而托爾金則打算寫《失落的路》，內容是一對父子因時光旅行，捲入努曼諾爾滅亡的故事，只是才寫了四章，他就決定放棄。

魯益思對托爾金的才華讚賞有加，顯然也是推動托爾金寫作的力量，他不斷地激勵他，鼓舞他，在他文思枯竭時推他一把。多年後，托爾金告訴爲魯益思立傳的胡波（Walter Hooper），他寫《魔戒》是爲了把《精靈寶鑽》的故事說給魯益思聽，他也對另一名作家說，「要不是魯益思鼓勵我，我想我不可能寫完《魔戒》，也不可能出版這本書。」

因此有幾股力量同時把托爾金拉往不同的方向，他想要寫《哈比人歷險記》的續集，爲了他的自尊，他非得寫不可，他知道自己可以因此而賺錢，也期待能藉此擺脫一些他討厭的學術工作（尤其是批改考卷），而專心寫作。然而他卻不能改變自己思考或工作的方式。幸而托爾金可以把整部詳盡的神話收在自己的腦海裡，融合各種各樣的註解和複雜的說明，因此整個故事雖然規模宏大龐雜，他卻整理得井井有條，能夠有始有終。在十二年間，《魔戒》由模糊的「哈比人」續作發展爲獨立完整的長篇作品，其間時而延遲，時而中斷，甚至整個月、整年毫無任何進展。托爾金多次把這部作品束諸高閣，轉而發展其他新作，不過最後他專注凝神的能力和史詩般的宏觀，終於讓這部作品得以完成。

一九三七年聖誕佳節，托爾金全心放在「期待已久的宴會」上，次年二月，他把打好字的草稿交給出版商，並附了一封信，建議昂溫把書稿交給兒子雷納讀，因爲當初就是他慧眼識《哈比人歷險記》的。

《魔戒》的這個開頭就像是《哈比人歷險記》附加的章節一樣（其實《魔戒》前一百五十頁都是如此），這個版本和最後成書的版本幾乎沒什麼差別，唯一的不同是佛羅多是比爾博的兒子，名字也不叫佛羅多，而叫賓果（取自托爾金孩子的玩具）。托爾金邊寫邊模糊地覺得，他可以把比爾博在《哈比人歷險記》裡找到的戒指加進書裡。

雷納讀了這一節，非常著迷，因此在接到這份簡短手稿後幾天，昂溫就回信要作者繼續加油，托爾金大受鼓舞，立刻著手往下寫，三周之後，他已經寫完第三節，開始要進入故事的主幹。

第一份草稿依然很像「哈比人」續集，雖然在托爾金心裡，這本書的氣氛和感受跟《哈比人歷險記》完全不同。交代背景細節的章節「過往黯影」（成書第二節），是後來補寫的，不過到一九三八年二月，《魔戒》已經成了故事的主幹，托爾金也已決定讓哈比人、戒指，和黑暗之君索倫（後者在《哈比人歷險記》曾經提及）發展一段追尋戒指的故事，作爲故事的軸心。

一九三八年六月，托爾金的工作初次中斷。他面對了其他困擾。他的朋友，同爲語言學者的戈登，以五十二歲之齡猝逝，一年一度的畢業考卷又送來了，而托爾金還掌握不住作品的方向。他彷彿在和故事賽跑，卻不知道這故事會把他帶向何方。不過他一定有了什麼靈感，因爲一個月之後，他的工作又重回正軌，擬出了整個故事的大綱。

他決定整個故事以比爾博的戒指爲主題，它是諸戒之王，是《哈比人歷險記》中魔君索倫的戒指，如今他想討回這枚戒指。故事將環繞著「中土」裡善的力量，他們要摧毀魔戒，阻止索倫的野心。一九三八年七、八月，托爾金把這些說明納入「過往黯影」一節，由甘道夫向比爾博說明這枚戒指的故事。

八月中，托爾金全家人赴海邊的席德茅斯市度假，托爾金在此地文思泉湧，把故事發展到「躍馬」旅舍，也就是哈比人首次見到亞拉岡的地方。障礙既除，托爾金運筆如飛，但故事的細節和方向依然混亂。托爾金雖有了故事大綱，也想出了中段和結尾，但問題還在，因爲這故事既非童話，亦非嚴肅的成人小說，由人物的名字就可見端倪，比如「神行客」那時是個名喚「特洛特」的哈比人，而佛羅多則叫作「賓果」。這故事似乎夾在中間，進退兩難，因爲其間雖然用了《哈比人歷險記》中的許多角色，但故事的精神卻截然不同，新的故事主旨更遼闊宏大，眼光更遠，頗有史詩的架式。

就在此際，托爾金可以往許多方向發展，其中最簡單的莫過於寫出新《哈比人歷險記》，昂溫一直催他交這樣的稿，而他也希望能再度風靡書市。他經濟拮据，也在一九三八年夏天寫信給昂溫說明他的困難，他說他把所有的時間都用來批改考卷，才勉強維持生計。他知道自己的時間寶貴，如果能趕快交稿，或可解燃眉之急。幸而他並未選擇這條路，而挑了更宏大的遠景，他也希望能發掘出更多的寶藏。

那年秋天，托爾金擺脫了新《哈比人歷險記》的最後一點遺跡，把他的新故事稱爲《魔戒》，此時他已經構思好，由佛羅多負責魔戒的命運，要破壞索倫的力量，避免他永遠主宰中土，必須有人志願深入魔多的「末日裂隙」火山，去摧毀魔戒。

一九三八年末，托爾金文思泉湧，寫得很快。一九三九年初，托爾金開始準備他答應要在三月八日發表的演說，內容是關於蘭格。蘭格不但收集童話，自己也是童話作家，對托爾金有很大的影響，因此他擬定了演講主題「談童話故事」。

這篇演講非但把托爾金最愛的文學形式分析得淋漓盡致，也讓他專心在自己的新作品上。不論在哪一種文化中，童話都來自豐富的傳統和神話，是由浩瀚歷史和傳說汪洋中流出的涓滴故事。《哈比人歷險記》就是經典之作，雖然是關於幾個人的小故事，但卻有龐大的主題，而在它的週邊還有更豐富更寬廣的架構。托爾金寫《魔戒》之初，一心只想寫另一篇小故事，比如敘述比爾博和小矮人的另一次歷險，或是中土其他人的小故事。但不久他就發現中土有更遼闊的天地，自有其歷史和地理，在幽暗密林和迷霧山林之外有許多奇特奧妙之域。但更重要的是，托爾金已經創造了宏偉的神話史地，足敷故事的輔助架構和傳奇歷史之需，他也已經寫了《精靈寶鑽》。托爾金發現自己可以運用如此宏大的全景，當然不會再以《哈比人歷險記》中那些角色爲足，於是創造了雄心勃勃的《魔戒》。整個中土世界都是他的遊戲場，他又何必束手縛腳呢？

一九三九年九月，哈比人已經抵達瑞文戴爾，也已經擬妥了遠征隊的計畫，另一方面，英國於九月三日參戰的消息也傳到牛津，很快就會改變每一個人的生活。建築物前堆起成千上萬的沙包，防毒面具也發給每一個公民，鋁製臉盆和鍋子都被徵收，重塑成槍砲戰車，因爲實施燈火管制，因此人人都得提高警覺。在牛津市中心，各學院的地窖和中世紀的隧道都被改爲防空洞，其中包括新波德林圖書館的地下室，萬一發生空襲，此地可容一千一百人避難。考試廳被徵收爲軍用醫院，耶穌學院的槌球場則被改爲暫時收容所。牛津市周圍也和全英各地一樣，豎起「節約能源」、「爲勝利而戰」等等戰時標語。在市郊的柯利車廠，生產線生產的是戰車和飛機。

托爾金在諾斯摩爾路廿號的書房裡，擺脫了外在世界的紛擾，沈浸在中土的幻想中。雖然這裡也有許多問題，但這些問題卻是托爾金熟悉而擅長處理的。因爲缺紙，所以《魔戒》中段的草稿是寫在考卷背後和辦公室裡零碎的紙片上，托爾金整潔的字跡擠在每一張可以利用的紙上。

不過戰爭依然減緩了托爾金的寫作速度，學生少了，但對他工作的要求依然一樣多，他還得以種種方式盡國民在戰時應盡的義務。托爾金對戰爭的感覺就和他所有的朋友一樣，覺得那是荒謬地在浪費生命、時間和力氣，難道整個世界沒有從上次大戰中學到教訓嗎？

托爾金當然愛國，但他從沒有大英帝國的意識。他的祖先在他出生前兩百年由歐洲中部遷來此地，他卻從不認同大英帝國或大英國協，而認同更古老的傳統，因此他自然痛恨希特勒，認爲他是「無知之輩」，更難以想像德國民衆居然會被這樣毫無價值的人物腐化至此。

其實早在戰前，托爾金就對納粹思想有經驗。一九三八年艾倫和昂溫轉來由德國厄頓與李歐寧出版公司（Urtten & Loening）寄來的信，爭取《哈比人歷險記》的德國版權，不過他們在信中問托爾金，是否有亞利安血統。

托爾金非常憤怒，因爲他明白他們其實想問的是他是不是猶太人，不過他也知道出版社的編輯只是執行政府命令而已，因此他接納了昂溫的建議，寫了兩封信，交由艾倫和昂溫決定用哪一封信回信給德國出版商。其中一封口氣比較直率，另一封較和緩，不過兩封都義憤塡膺。昂溫寄了較和緩的那封信。不過教人驚訝的是，德國人並沒有生氣，依然想買《哈比人歷險記》的版權。

由於戰爭，所以托爾金的工作進度緩慢，三年過去，到一九四〇年底，托爾金才寫到《魔戒》第二部，小精靈、哈比人、小矮人和人類才剛發現巴林的墓，而寫作進度在此停頓了整整一年。

這次停頓的原因不得而知。托爾金的兒子於一九四一年受重傷送醫，托爾金的戰時任務也加重，再加上他還得分心執行研究的責任，都可能有影響。不過托爾金至少維持著對故事的興趣，能夠在一九四一年底再度重新掌握其脈絡。

很明顯地，托爾金在寫《魔戒》前半部的時候，還不太確定故事的方向，此時羅斯洛立安和洛汗國兩個地方都還沒有出現，樹鬍則是充滿敵意的角色，囚禁了甘道夫而非薩魯曼，而薩魯曼當時也還沒有出現。

托爾金再寫了一年，寫到「殘骸與廢墟」（原第三十一節，成書後是第三章第九節），這是一九四二年十二月，他想再寫六節就要結束，但一九四三年春，正當他打算把所有鬆散的架構組成結局之際，他卻發現自己錯估了故事發展，故事不能這樣寫，因此整個工作到此又驟然停頓。

爲了要把這故事推出問世，托爾金用《精靈寶鑽》爲指南，《魔戒》前半部一直談到過去的時代，有描述過去的歌曲和詩歌，也有暗示《精靈寶鑽》的片段，讓整個故事有血有肉。《魔戒》故事開始不久的兩段就是例子，在第十一節，「黑暗中的小刀」，亞拉岡提及輝煌的過去，全都是取材自《精靈寶鑽》的段落。而後來在瑞文戴爾，比爾博唱埃蘭迪爾的歌，這首歌也是取自托爾金廿多年前寫的詩。不過托爾金越沈浸在《精靈寶鑽》中，就可以找到越多的聯結，把這些寶藏聯結在一起。

隨著時光流轉，托爾金慢慢地揭開《魔戒》的故事，由主幹往新枝發展，除了許多新的情節之外，整個主題也漸漸浮顯。托爾金發現自己無法忽視這些脈絡，即使故事的主幹不再增生，依然有許多支流化爲涓涓小溪，經過時間的淬煉，最後匯集在一起。

然而壓力也與日俱增。對托爾金而言，這個工作一定是永無休止，一方面他的確深受這故事的吸引，它是他心愛的《精靈寶鑽》縮影，對他而言和《精靈寶鑽》同樣重要，然而另一方面，光陰似箭，昂溫已經不指望《哈比人歷險記》的續集了，雖然托爾金寫信給他們，表示新哈比人已經快寫到結尾了，敬請期待，但編輯都知道他是個吹毛求疵的完美主義者，他們恐怕一輩子也看不到新書。更糟的是一九四二年，因爲書商的倉庫遭空襲炸毀，《哈比人歷險記》暫時絕版，托爾金和出版商一樣喪氣，他的感觸尤深，但卻也只能盡人事，聽天命而已。

對托爾金而言，一九四三年冬是他孕育偉大故事最難捱的一段時期。他已經完全停頓，無法再寫下去。部分的原因是他太關切細節，結果見樹不見林，他並不是拋開這個故事，只是覺得迷惑。他要把故事帶往什麼方向？怎麼讓他的角色能有完美的結局？

托爾金還不很清楚自己遭逢挫折的原因，要是他停下來分析自己所寫的內容，就會發現著重細節正是他一貫的作業方式，而這方面的才能也是《魔戒》和《精靈寶鑽》神奇的特質。就是因爲探索這故事的各個層面，讓故事的背景染上豐富的色彩，才讓托爾金的作品遠比同類的其他作品更有深度，更富意涵，但這也使他深受折磨。他被複雜的情節和無數的細節淹沒，因而無法透徹看清整個故事。而日常生活的一點小事往往就會在他的意識中引發深沈的迴響。

住在諾斯摩爾路的鄰居艾格紐老太太，十一月廿日在人行道上碰到托爾金，兩人閒聊時她提到她屋外的白楊樹因爲修剪，許多枝幹落了下來，可能會造成安全上的顧慮，一發生暴風雨，大樹就可能倒在她的屋子上。愛樹的托爾金覺得艾格紐太太是杞人憂天，婉言勸慰她應該讓樹留著，他說樹木絕不會傷及房屋。當晚托爾金夢到這件事，醒來時心裡已經有了腹稿，一揮而就，就像是由潛意識中源源不斷流瀉出來似的。

這篇故事就是〈尼格的葉子〉，是托爾金寫作困境的寓言。故事的主角尼格是一名畫家，一心要畫好多年來一直未完成的作品，希望它盡善盡美，他知道自己來日無多，很快就會離開塵世，但又因爲諸多瑣事，總難以專心，最後空留遺憾，未能在生前完成作品。接著故事背景一轉，描寫尼格在淨界（purgatory，基督徒死後非天堂亦非地獄的地方）重畫了自己的作品，在上天堂之前終於完成心願。

這個故事很感人，是托爾金家人最喜歡的一篇。普瑞西拉說，這也是他父親寫作歷程中最具自傳色彩的寫照，對托爾金有慰藉、淨化、解放心靈之效。在寫完這篇故事之後一年，托爾金終於繼續未竟的故事，只是寫得很慢，很辛苦。他有了新的創作力量，只是現在他的故事在遠征隊分散後，分爲三股脈絡，他曾向當時正駐在史坦德頓服空軍役的兒子克利斯多福說，他每一頁都寫得極爲辛苦，每一段情節對他都是眞正的考驗。

一九四四年夏天，托爾金繼續工作，到七月，他寫到第四章（成書之後被編在第二冊，雙城奇謀末尾），佛羅多已經被半獸人抓走，梅里和皮聘則準備在接下來的大戰中一展身手，亞拉岡和甘道夫則準備迎向自己的命運。托爾金已經完成了四分之三，雖然他當時還不知道這一點。不過在一九四四年秋，他的寫作又告中斷，這一次是因爲托爾金眞的筋疲力竭了。

這一次停筆歷時一年餘，也是這本書自八年前開始動筆以來最長的一次停頓。歐戰已經在一九四五年五月七日結束，克利斯多福也由南非回來繼續未竟的大學學業。有一陣子魯益思擔任克利斯多福的指導老師，到秋天，魯益思也建議克利斯多福加入「吉光片羽社」……如他父親說：「不管我在不在場」。在托爾金的子女中，克利斯多福和父親的寫作關係最密切（他如今也是他父親作品的編輯），他也很會讀父親的作品，魯益思說他讀的《哈比人歷險記》和《魔戒》，比原作者讀的還要精彩。

那年夏天，托爾金被聘爲莫頓學院英國語言文學教授，比起原來的潘布魯克學院來，他也比較喜歡莫頓較不那麼拘泥的氣氛。他加了一點薪，但對他財務上捉襟見肘的窘境於事無補。接受新職不久，他就申請租賃學校教員宿舍，但一直要到一九四七年三月才有空缺，輪到他承租。

托爾金家的男孩子現在全都已經離家：約翰成了牧師，住在英國中部，麥可結了婚，有一個兒子，克利斯多福成了學者，因此托爾金不再需要太大的房子，如果把諾斯摩爾路的房子賣掉，對托爾金的收入不無小補。不過他們未來三年要住的房子並不盡理想，位於曼納路三號的這棟現代建築又小又醜，教托爾金覺得最沮喪的是，他不再有寬敞舒適的書房，只有一間屋頂低矮的小閣樓。

戰後兩年，托爾金一點一滴地辛勤筆耕，到一九四七年夏，他覺得自己可以交一部分稿給他最喜歡的小評家雷納審閱，其時雷納已經成了牛津大學的學生了。

七月廿八日，托爾金和史丹利昂溫約在倫敦共進午餐，並把《魔戒》第一部交給史丹利昂溫，雷納花了幾天工夫就把它讀完，非常著迷，他在讀書報告中說這是很奇特的一本書，和《哈比人歷險記》截然不同，並不能眞正算是寫給兒童讀。他認爲如果成年人能耐心一讀，必然會有很大的收穫，艾倫和昂溫出版公司當然願意出版本書。

托爾金大受鼓舞，但他依然拖著不肯完成此書。其實書的情節已經想好，脈絡也都大致底定，但托爾金就是沒辦法在這斷斷續續，耗了他十年心血的史詩作品上再投注心力。就像他先前寫《精靈寶鑽》時對每一個細節都嘔心瀝血，卻一直不能確定它已經眞正寫完一般，他也因爲太投入這個現實，而無法把書中角色帶到最後一頁，甚至最後一章。

到一九四七年底，全書終於完成，但接下來兩年他一再地修改甚至重寫其中片段，他回頭穿插解釋說明的段落，也把所有零散的絲縷連結起來。最後，在一九四九年秋，他終於停筆。整部傳奇重新打字定稿，終於可以示人，而他想到的第一位讀者，就是他的朋友C・S・魯益思。

# 第十一章　僵局

魯益思早已經在「吉光片羽社」聚會時聽過大部分的《魔戒》內容，但整本書讀起來，卻能呈顯宏大的全景，是他先前體驗不到的，他寫信給托爾金，對這本作品大加讚揚推崇，先前他已經在「鳥和寶寶」裡喝啤酒或是在他的研究室裡談過本書的缺點，而且他覺得，縱使書有小瑕，亦不掩大瑜。

之後，魯益思也把草稿借給他的哥哥華倫讀，後者花了三周，一口氣讀完，他在日記本裡寫道：「老天爺，多棒的書！此人源源不絕的想像力實在驚人，這眞是偉大的作品！」

書終於寫完了，現在該怎麼辦呢？雖然《魔戒》在一九四九年底就只等編輯，但書依然在五年之後才出版，這麼長一段時間的延宕乃是由於誤會、固執，和托爾金的天眞、不諳世情造成的。

在托爾金寫完《魔戒》之際，很自然地希望這本鉅著和《精靈寶鑽》一起出版，他認爲這兩本書息息相關，應該由同一家出版公司一起出版，否則，至少也該盡量把出版的時間拉近。他不能忍受《魔戒》被分割爲零碎的片段，而且他因爲花了太多心血，絕不容許編輯修改任何一個字。他告訴史丹利昂溫說：「這本書字字血淚……」

使事情更棘手的原因，是托爾金已經對他的出版商失去信心。主要的原因是他認爲昂溫爵士（史丹利．昂溫於一九四六年受冊封爲騎士）根本對《精靈寶鑽》毫無興趣。托爾金數度把書交給他，雖沒有遭到昂溫的斷然拒絕，但他卻覺得昂溫也沒有認眞看待他的傑作。

其實昂溫根本沒有機會。一九三七年，托爾金把《精靈寶鑽》手稿交給他的時候，他把書交給編輯，但編輯卻沒有讀出其間趣味來。後來托爾金數度談到他這本傑作，但卻沒有告訴昂溫此書經他大刀闊斧的增刪修改。最重要的是，托爾金已經把昂溫搞迷糊了。昂溫老早就放棄在戰爭結束前看到《哈比人歷險記》續集的希望，只期待哪一天托爾金可以給他一本精彩的新書，讓他驚喜。昂溫的兒子雷納在一九四七年讀了托爾金正在寫的片段，十分著迷，因此昂溫必然免不了疑惑，托爾金究竟爲什麼一再地堅持要談另一本奇特的《精靈寶鑽》？對像昂溫這樣的生意人而言，如果《魔戒》像他兒子說的那麼好，那麼托爾金和出版商就該把心思放在這本書上，另一本可以稍後再說。

托爾金的想法當然不同，他覺得《精靈寶鑽》和《魔戒》是一體的兩面，是一個整體，任何和他合作的編輯都該明白這點。一九五〇年初，托爾金認定，艾倫和昂溫出版公司的表現不如預期得好，原因有二。

第一，托爾金對戰後第一版《哈比人歷險記》非常失望，因爲書內未像一九三八年第二版時那樣附上彩圖，失色不少。這是因爲印製彩圖成本高昂，再加上戰時物資短缺，所以出版商省略了彩圖，但托爾金卻不理會這點，或者可以說，他不明白這點。

托爾金對出版社的第二個抱怨可嚴重得多。一九三八年，出版社催著托爾金寫《哈比人歷險記》續集時，他曾交給他們一篇短篇故事，叫做《漢姆的農夫蓋爾斯》，這書和《哈比人歷險記》很不一樣，但是個迷人的故事，背景在托爾金所謂的「小王國」（在英格蘭中部牛津郡和白金漢郡之間，離他家很近）。艾倫和昂溫想立刻出版這個故事，但卻因戰時缺紙，一延再延，到一九四九年才付梓，而且銷路也不如預期。出版商當時因爲《哈比人歷險記》大受歡迎，因此第一版就印了五千本，但到一九五〇年春，才賣出兩千本，昂溫得把這個壞消息告訴托爾金。

托爾金立刻就把一切的錯怪在出版社頭上，認爲他們沒有好好宣傳，這或許有部分是眞的，但不容否認的是，雖然這個故事很有趣，但原本影響力就可能不會很大（後來是拜《魔戒》迷之賜才暢銷）。

不過要不是托爾金碰到了一名對他所有的書都熱中不已的編輯，這一切可能還不會改變。這名編輯是個年輕人，名叫華德曼（Milton Waldman），在倫敦的柯林斯出版公司工作，透過同爲作家的朋友，也是「吉光片羽社」的成員馬修（Gervase Mathew）介紹而認識。馬修原本就愛讀托爾金的作品，華德曼聽說托爾金有一本遠比《哈比人歷險記》續集更遠大恢宏的作品，立刻就和托爾金聯絡，希望先讀爲快。

但托爾金並沒有把《魔戒》的手稿寄給他，而把《精靈寶鑽》送給他，作爲測試，如果華德曼對這本書有興趣，再給他《魔戒》。就像其他少數幾名《精靈寶鑽》的讀者一樣，華德曼深受這本書之美感動，他告訴托爾金要設法說服公司出版這本書，托爾金於是把《魔戒》寄給他。

華德曼讀了托爾金的史詩新作，心知挖到了金礦，雖然他和老闆柯林斯（Walter Collins）對托爾金所有的作品都有興趣，但他們真正想要的是他成功作品——《哈比人歷險記》的版權，爲了鼓動托爾金和昂溫拆夥，華德曼告訴他說，柯林斯也兼作文具和印刷，絕不會有缺紙的問題，因此更適合出版如《魔戒》和《精靈寶鑽》這般大部頭的作品。

托爾金被說服了，他和昂溫在《哈比人歷險記》的出版合約上有一條款，載明若有續集，必須給出版商兩個月的時間考慮是否要出版，而他們既然已經拒絕了《精靈寶鑽》，也出版了《漢姆的農夫蓋爾斯》，他也就履行了合約義務。不過他也覺得有一點道德上的義務，尤其是對史丹利爵士和他兒子雷納，前者就算不是朋友，也有三分情，後者又一逕支持他的作品，因此他覺得他不能和艾倫和昂溫出版公司一刀兩斷，而只是刻意拖延，想說服他們不要拿《魔戒》的版權。

托爾金寫信給昂溫，解釋他的書已經如脫韁之馬，和《精靈寶鑽》合在一起算，已經寫了一百多萬字，因此他懷疑有誰會對這樣龐大的故事有興趣。昂溫問他能不能分爲幾冊出版，托爾金回信表示絕不允許這樣做。

然而托爾金錯估了情況，他費盡心機只是讓昂溫對他所寫的內容更有興趣，在此同時，他又和華德曼保持聯繫，說他正在和昂溫談，希望很快就有結果。

雷納幾年前已經讀了《魔戒》的片段，深知這本書的潛力，他在寫給父親的信上建議：《魔戒》本身就很完整，不需要搭配《精靈寶鑽》，而後者也可能有些題材可以加強前者的內容。他還建議可以派一個有才華的編輯和托爾金合作，摘集出適合的題材，也可以先出版《魔戒》，等過一段時間，再擺脫《精靈寶鑽》。

雷納原本沒想到這封信會被送給托爾金，但幾天後史丹利爵士寫信給托爾金，把雷納的信箋也附在其中，托爾金自然勃然大怒，他寫了幾次才勉強按捺住怒氣完成回信，他給昂溫最後通牒，要嘛就兩本書一起出版，否則兩本都別想。

面對這樣的抉擇，昂溫只能讓托爾金自由。他寫信給托爾金表示遺憾，因爲雙方無法妥協，作者迫使他拒絕期待如此之久的作品。很明顯地，他們的關係已經破裂，托爾金希望擺脫艾倫和昂溫出版公司，以接納華德曼；昂溫則不想要出版《精靈寶鑽》，即使作者強迫他也不肯就範。

托爾金如今已經沒有合約上的義務，他覺得自己也擺脫了道德上的責任，因此向華德曼和柯林斯承諾把書交給他們出版。但後來他又通知華德曼說，《精靈寶鑽》和《魔戒》兩本書合計大約有一百萬字，教華德曼大惑不解，華德曼算了一算，告訴托爾金《魔戒》約五十萬字，《精靈寶鑽》則爲一百廿五萬字，這時托爾金投下了炸彈，他說《精靈寶鑽》只完成了一部分，需要大幅增刪，尤其是要增加更多的內容，才能出版，這和華德曼原本想像的不同，他原本還打算要托爾金大幅刪減《魔戒》的篇幅呢！

托爾金聽到這個消息，自然非常震驚，他原以爲自己找到了了解他的出版商，知道他多麼嘔心瀝血，也明白他的神話非得有毫無限制的篇幅和詳細的說明，才能完整地解釋清楚。托爾金非但沒有和他的新編輯達成協議，而且還寄了幾個《精靈寶鑽》的新章節到倫敦的柯林斯出版公司去，既沒有說明這些段落該安插在何處，也沒有解釋它們和書中其他段落有些什麼關係。

即使在這時，依然還有挽回的餘地，但一連串的陰錯陽差卻把事情搞砸了。一九五〇年夏天，華德曼赴他每年都會長時間停留的義大利，由其他編輯負責處理托爾金的書，但他們對事情的來龍去脈一無所知，對托爾金教授的稿子也摸不著頭緒。華德曼原訂於秋天返英，但因病延後。

因此托爾金和柯林斯出版公司的關係告終。華德曼與他聯絡，結果收到一本冗長而詳細的故事大綱，托爾金希望能藉著這個大綱說明整個史詩故事中不清楚的部分，解釋如何把這些書統合起來，成爲息息相關的兩本書——《魔戒》和《精靈寶鑽》。

然而這樣做無濟於事，到一九五二年初，托爾金已經不抱希望。那一整年他都忙著學術工作和搬家，全家由曼納路搬到牛津市中心哈利威爾街九十九號，一等安頓下來，托爾金的心思又回到他的書上，只可惜華德曼和柯林斯已經喪失興趣，更糟的是紙價在一九五一年飆漲，因此要出版中土神話，成了比兩年前更大的賭注。托爾金在挫折之餘，寫信給柯林斯，發了最後通牒——他們要不就接受他作品的原貌，要不就退稿。

幾天後，托爾金的稿子又回到了他的書桌上，而這也是自一九三〇年代末期以來，他首次和出版界沒有任何關係。他明白自己非得重作考量，改變自己的看法。幾個月之前，他才剛歡度六十大壽，然而他的書依然像三年前《魔戒》尚未完成一樣，距出版遙遙無期。他想到自己創作的尼格，想到他可能只有在天上才能看到自己的作品發表。如果他想要看到自己耗費無數心血的神話出版，就非得立刻行動。他必須承認自己的錯誤，必須妥協。六月間，托爾金寫信給雷納昂溫，說明他的書陷入進退兩難的僵局，並詢問經過這麼長一段時間之後，他和他父親還有沒有興趣。雷納立刻回信，安排在牛津見面，九月間他到哈利威爾街托爾金的住處取走了稿子。

現在出版社同意整部神話都要出版，托爾金也同意《魔戒》可以分爲三冊，相隔至少十二個月出版，但就連雷納也覺得有點不安。他覺得艾倫和昂溫出版公司一定要出版這本傑作，但他對書有沒有市場卻有點擔心。《哈比人歷險記》雖然還很暢銷，但托爾金已經不像當年書一推出時那麼炙手可熱，雷納覺得像《魔戒》這般陰鬱、詳細、冗長，又不符任何現有文體的書，只能吸引極小的市場。

雷納現在也掌管家庭的事業，而且因爲父親赴日，因此他得獨自決定《魔戒》的命運。雷納左思右想，最後還是覺得問問父親的意見，因此他打電話並發電報給父親，說他認爲出版這本書可能會讓公司損失一千英鎊，但卻能贏得美名。史丹利同意他的說法，兩人決定和托爾金談出版條件，不預付訂金和版稅，而另定紅利計畫，也就是說出版社負責負擔出書的成本、管銷費用，和廣告花費，如果書有利潤，出版社就和托爾金對半分帳。

托爾金立刻接受這項提議。這時他已經覺得自己永遠不可能靠寫作賺大錢，只希望能看到他的書付梓，在文壇激起一點浪花。

一九五三年，托爾金非常忙碌，他和艾迪絲住在哈利威爾街一點也不快樂，房子是幢美麗的老房子，地點很好，離莫頓街的學院只有幾步路，離卡法斯的商店和市場也不遠，但車水馬龍的景象卻破壞了一切，尤其對托爾金更加嚴重，他痛恨汽車。在諾斯摩爾路，他還不太感到汽車的存在，現在轎車和電車不分晝夜在他們家大門前穿梭。

爲了避開車子，他們搬到海丁頓的新居，如今海丁頓算是牛津東郊，但當時它是另一個城市，他們位於沙田路七十六號的房子在僻靜的街上，不過這回托爾金夫婦又估計錯誤，因爲海丁頓在一九五〇年代成爲牛津附近發展的核心之一，因此不到幾年，他們的靜巷拓寬，變成了通衢大道，附近也很快就蓋滿了水泥建築，舖滿了柏油道路。

這是他們六年來第三次搬家，托爾金同時忙著也爲《魔戒》作最後的修改和校訂。雖然他總說這整個神話史詩唯有在《魔戒》和《精靈寶鑽》之間才能分開，但在雷納的導引之下，他終於把《魔戒》清清楚楚地分爲三冊，不過爲了各集的書名，又引起了爭議，最後大家終於決定把書名訂爲：一、魔戒現身，二、雙城奇謀，三、王者再臨，最後一冊的名字不時引起爭議，因爲托爾金比較傾向用「魔戒之戰」。

托爾金依然在大學裡擔任全職教授，他的工作量簡直教人嘆爲觀止。雷納雖然沒有要求托爾金刪改稿子，但托爾金一如往常，爲這部鉅著的每一個單字都仔細推敲，他還得要從《精靈寶鑽》取材，爲全書作詳細的索引，另外還得畫出書中人物的族譜，時間表，及一系列地圖。

「魔戒」訂於一九五四年夏天出版，在昂溫苦苦哀求之下，托爾金終於在一九五三年四月間交出完稿，準備冗長的製作過程，到十月，出版商向托爾金索取圖稿，以便預製，但托爾金正忙得不可開交，新學期已經開始，他又得忙著修訂《雙城奇謀》的稿子。幸好克利斯多福可以幫忙，他找出父親多年前畫出的圖交稿。到年底，托爾金終於有空畫要作書皮背景的圖，他採用橄欖灰爲底色，畫面上魔戒外圍著戒上的銘文，其上則是紅戒，至今還有一些版本採用這個圖案。

最後一切都準備就緒，艾倫和昂溫依然沒有什麼信心，他們只印行了三千五百本，訂價爲每冊二十一先令。爲了促銷，他們還請了三位知名作家寫書皮上的讚詞，其中一位是C・S・魯益思，另外兩位則是知名的「哈比人」迷，密契森（Naomi Mitchison）和休斯（Richard Hughes）。

魯益思的讚詞如下：「本書前無古人，後無來者。即使義大利詩人亞里奧斯托（Ariosto, 1474-1533）能寫出這樣的情節（其實他沒有），也絕不能有這樣磅礡的氣勢。」

一九五四年八月，《魔戒》終於問世了。

# 第十二章　中土的世界

「這本書就像平地乍起一聲雷，說是充滿英雄氣概的浪漫故事，輝煌燦爛、壯麗雄偉地回到一個反浪漫主義的時代，還不足以形容……或許世上還沒有任何一本書，能如此清楚地說明：什麼是作者所謂的：『次創作』（sub-creation）」。

這是《魔戒》推出之後出現的第一篇書評，作者正是托爾金的朋友C・S・魯益思，後者私下更是不遺餘力地讚美托爾金的作品，說《魔戒》厚重如聖經，也和聖經一樣，一字不多，一字不少。

接著一篇又一篇的書評登了出來，各種各樣的評語和意見像潮水一樣不斷湧現。

魯益思絕非唯一一位看出《魔戒》是傑作的人，《曼徹斯特衛報》（*Manchester Guardian*）的書評人說，「托爾金是天生的說故事好手，讓讀者像小孩一樣，瞠目結舌，想繼續聽下去。」《鄉村生活》（*Country Life*）的書評人史普林（Howard Spring）評道：「這是藝術作品……非但有創意，充滿想像力，也是意味深長的寓言，說明人和邪惡永遠的掙扎。」《眞理》（*Truth*）則刊了薛理曼（A. E. Cherryman）的好評，他寫道：「這是曠世傑作。作者非但開世界文學之先河，也締造了歷史。」牛津的《牛津時報》（*Oxford Times*）則頗有先見之明的預言：「太實際的人不會有時間讀它。唯有充滿想像力的讀者才能馳騁書中，參與追尋，成爲情節中的一部分，並且惋惜只剩兩章就要結束了。」

另一位支持者是李文（Bernard Levin），他認爲《魔戒》是「我們這時代，或者該說有史以來，最精彩的文學傑作。在這紛擾不斷的日子裡，能夠再一次地肯定愛好和平的人能掌控世界，實在教人安慰。」

不過其他人對《魔戒》則有不同的看法。葛林（Peter Green）在《每日電訊報》（*Daily Telegraph*）中評《魔戒》爲「不成形的作品」，「……由前拉斐爾式的作品轉爲男孩冒險故事風格。」《星期泰晤士報》（*Sunday Times*）的評者則疑惑這本書是不是只寫給「聰明孩子」看的。但對托爾金最不客氣的評者卻是穆爾（Edwin Muir），他在《觀察家報》（*Observer*）上說，他覺得這本書「精彩」，但卻批評托爾金作品中「好人永遠都是好人，壞人則一成不變永遠是壞人，他的世界沒有空間讓既邪惡又悲劇的撒旦容身。」

當年十月，《魔戒》首部曲在美國出版時，也同樣出現各種各樣的書評，其中文學巨擘W．H．奧登（W. H. Auden）在《紐約時報》寫了一篇佳評：「最近五年來，我從沒有讀過比這本更教人歡喜的書。」一個月後他接受廣播電台訪問，更讚賞本書：「如果有人說他不喜歡這本書，我就絕不會再相信他的文學品味。」

一九五四年十一月，《魔戒》二部曲《雙城奇謀》在英國出版，再掀起一波書評，故事結尾佛羅多被囚禁在厄戈爾塔，托爾金很訝異地發現：許多讀者和評者都迫不及待在等最後的結果。《倫敦畫報》（*Illustrated. London. Times*）的書評說：「這樣的懸疑實在殘酷。」魯益思則爲《時與潮》（*Time and Tide*）寫了另一篇精彩的書評，他說：「讀《魔戒》首部曲時，我原不敢期待它會如我盼望的那般成功，幸好後來證明我是錯的……這本書太新穎太豐富，頭一次讀難以下定論。但我們卻可以明白它對我們有所影響，讓我們與以往不同。我相信此書絕對會成爲不可或缺的讀物。」

一九五五年十月廿日，《魔戒》三部曲出完，書評家終可以對整個作品有完整的觀點，並且發表他們的意見。不過許多人的意見早在首部曲時就已經成形，喜愛《魔戒》首部曲的人多半崇拜整部作品，而覺得首部曲就缺失百出的人，則維持他們的偏見，討厭這部作品到底。因此評語也兩極化，有些評語言不由衷，則出於其他原因。比如持負面意見，教托爾金芒刺在背的穆爾就在《觀察家報》中寫了一篇名爲「男孩世界」的書評，他在文中指出：

「最驚人的是，所有的角色都是喬裝爲成年英雄的男孩，哈比人，或者該稱半成年人，其實他們就是一般的男孩，這些英雄對女人除了道聽塗說之外，其餘則一無所知。」

當時名聞遐邇的美國作家威爾森（Edmund Wilson）則更加不客氣，他說《魔戒》是「胡言亂語」，是「青少年垃圾」，並且還說這本書只適合英國人的文學品味，但後來卻證明這個說法大錯特錯。

很明顯地，《魔戒》一問世，就刺激了讀者強烈的情感，這本書立刻就受到許多讀者喜愛，但也有人強烈厭惡它，文壇對這本書的評價不一，不能以品味高低來區分，而除了威爾森充滿偏見的評語之外，並沒有其他以國界來畫分品味的批評。評論家對這本書的反應完全不一。

第一種反應是完全反對這本書。評論家有時不免有私心，有時只是因爲嫉妒，出於一種想向同儕炫耀的心理，或只是不喜歡和作者或某本書有關的某人某事而已，而這正是穆爾在還沒有讀《魔戒》任何一個字之前，就反對托爾金這部作品的原因。他在一九五四年八月廿二日刊登於《觀察家報》的第一篇書評（穆爾對魔戒每一部曲都曾發表書評）中曾說：「這本精彩的書出現的不合時宜，除非是曠世巨作，否則絕不能在大肆渲染的讚語之下生存。」

這樣嚴苛的批注出自於比現代還要單純的時代；當時記者還不像現今如此配合新書出版的資訊轟炸和誇張宣傳。其實，光是「誇張」一詞當時就很少用，然而穆爾卻刻意這樣寫，因爲眞正教他不悅的是C．S．魯益思寫的讚語，因爲他最討厭魯益思的作品。

一九五〇年代，魯益思已經樹敵許多，雖然他在全球各地有無數的書迷，但也有記者和文壇人物討厭他的書。魯益思知道這一點，因此當托爾金的出版商請他爲《魔戒》寫廣告詞的時候，他曾警告托爾金這樣做對他未必有好處，因爲他並不討某些人喜歡，托爾金應該仔細考慮。

奇怪的是，一直要到托爾金親身體驗了被討厭魯益思的人遷怒的滋味，他才相信朋友之言並非虛詞。他似乎完全不明白魯益思在某些圈子裡非常不受歡迎，不過也說不定他是不能抗拒由名作家魯益思寫佳評的誘惑。

除了源自文人相輕的人身攻擊之外，穆爾也花了很大的篇幅說明他的論點。爲求公平起見，我們也該一提。他主要的觀點在於作者的語氣太不成熟，他雄辯滔滔指出幾個主要的角色只不過是男孩而已，而不容否認的是《魔戒》最弱的一環，的確在於托爾金處理浪漫情感的方式。他可以精準的描寫英雄事蹟和崇高的情感，但一提到兩性的關係，他的處理手法就顯得十分笨拙。

這是由於托爾金不擅長描寫女性，在他筆下，男女兩性不論如何互動，都難以展現他平常寫作的流暢語言。我們得知道，他是個傳統的人，有許多維多利亞時期的觀點，先前我們知道，他對浪漫的看法受到他所讀的書影響，而他也心知肚明自己沒辦法處理兩性之間的題材。在他所有的作品中，他最喜歡的是《貝倫和露西安之歌》，這個故事很美，但卻正如穆爾所說的，毫無兩性的魅力。

不過，由另一方面來看，若說穆爾有理由批評托爾金作品的這個部分，他也未免太小題大作。他雖承認《魔戒》是本「精彩」的作品，但卻因自己對魯益思和托爾金的厭惡所影響，無法清楚說明，作者在性和浪漫這部分的缺失，爲什麼會影響本書的偉大成就。

而如威爾森之流的批評更缺乏有力的說明，因此更教人困惑。他們或許出於嫉妒而寫這樣的書評，但也有可能他們根本未了解《魔戒》的旨趣。《魔戒》是獨特的一本書，讀者（甚至包括專業的文評家）都難以找到任何可以相比較的作品，因此沒有標準可供衡量。此外，托爾金的書在一九五〇年代中問世時，非常不合時宜。那時現代主義當道，有些人不免認爲托爾金的作品簡直傳統得老掉牙。

當然，實情也是如此。這正是托爾金的風格，他的寫作扎根於古老的形式。一九五○年代，寫作不重情節而重風格，但強調的是現代主義的風格，而非托爾金那種古老或神話的風格。

我們會在第十四章再回頭來談這些評論家。不過爲了解對托爾金作品早期的意見和評論，我們也得進一步地檢討編織中土故事的主題和觀念，探討只要讀《魔戒》和《精靈寶鑽》必會產生的疑問，其中包括如：中土究竟在哪裡？中土的時代和我們世界的歷史是否相關？爲什麼在托爾金百萬字的中土故事裡，「上帝」一詞一次也沒有出現？在托爾金的作品和他對神話世界的描寫中，是否傳達了什麼訊息？如果是，那麼訊息又是什麼？最後我們還不得不問一個教托爾金最爲困擾厭煩的問題：托爾金的神話世界是否是寓言？

中土當然是地球的另一面，說得詳細點，《魔戒》的背景國家，故事發生的地方，其實就是改頭換面的歐洲。托爾金自己就很清楚地說明了這一點。人們問他中土的地理位置時，他說：「在精靈語中，盧恩就是東的意思，亞洲、中國、日本，和西方人覺得遙遠東方的一切。而哈拉德之南則是非洲，酷熱的國家。」問他：「那麼中土不就是歐洲嗎？」他答道：「當然，西北歐……那正是我想像力源起之處。」記者問他：「魔多在哪裡？」他答道：「大約在巴爾幹半島。」

哈比人就是英國人，夏爾則是英格蘭。一九六〇年代曾和托爾金共處的記者吉爾比（Clyde Kilby）曾聽托爾金親口說：「我問他從前是否有哈比人，他直截了當地回答沒有，因爲哈比人就是英國人，這話非但證明了哈比人的地理位置，也有時間上的意涵。至於說地理位置，有一次我們開車上倫敦路，駛到牛津東方幾哩處，托爾金指著北方的幾個小山坡說，那就是哈比人住的地方。」

如果由更廣的方向來看，努曼諾爾很可能是以傳說中的亞特蘭提斯爲範本，或者是更早的「穆」（Mu）傳說。據說亞特蘭提斯人有先進的文明，比一般人優越，而且擁有神祕的力量。有人問托爾金，努曼諾爾在哪裡，他毫不猶豫地回答：「在大西洋裡。」有趣的是，根據現代的研究，亞特蘭提斯，穆，或其他古代文明，很可能存在大西洋中的某一個島國。

《精靈寶鑽》和《魔戒》兩書代表的是世界的另一段歷史，是在歷史開始之前的歷史。托爾金心裡很可能有亞特蘭提斯和北歐古傳奇爲藍本。據傳說，亞特蘭提斯人的壽命比後來人類的壽命長，是航海的好手。有人認爲他們在歐洲殖民，也是埃及文明的源起。在《精靈寶鑽》中，努曼諾爾人因維拉禁止他們朝西赴海外仙境，因此他們在第二紀元朝東赴中土，並殖民該地，他們同樣也有較長的壽命和先進的文明。

古傳奇同時也描述亞特蘭提斯人自認爲他們無所不能，因而遭上帝之怒摧毀，他們的文明湮沒在碧波裡。在第二紀元末，努曼諾爾人在國王亞爾—法拉松黃金大帝率領下，組織龐大的艦隊朝西航行，想要突破維拉的戒令，因而威脅維拉，維拉於是召喚獨一之神「一如」，請求祂摧毀了努曼諾爾及整個文明。

托爾金自認爲他的神話充滿宗敎寓意，並認爲是基督敎，甚至可說是天主敎的故事。然而初讀本書一定會覺得這種說法很難理解，因爲中土是完全異敎的世界，書中唯有軟弱無力的角色在急需奧援的情況下（如山姆在魔多時），才會召喚如凱蘭崔爾或露西安·提努維兒等的有力量的精靈。戰士死亡或埋葬的時候並不誦禱詞，中土各處也都沒有敎會或敎堂。唯一一本「聖書」是古早時候的紀錄。不過《魔戒》裡依然有宗敎的意味，甚至可說是基督敎的敎義。

《精靈寶鑽》書中先描述獨一之神和另一段創世紀，再談第一、第二紀元精靈的冒險，以及他們與魔多和索倫的對抗。如果說托爾金想要在他的神話裡傳達宗敎背景，那麼也是相當混淆的背景，因爲讀者收到的是相當混亂，甚至互相矛盾的訊息。

這點在我們想要爲主角或故事核心的特質歸類時最爲清楚。佛羅多擁有如基督一般的特質——他持有魔戒，背負十字架的重擔——他在末日火山受到誘惑，一如基督也受到誘惑。索倫和魔苟斯很明顯都是來自地獄的角色，魔苟斯是墮落的維拉主神或黑天使，索倫則是墮落的魔鬼，而甘道夫則是先知，至於凱蘭崔爾呢？她出現的時間很短，但在《魔戒》下半部卻有無比的力量，她是在第一紀元違背維拉主神而遭貶黜的諾多精靈，但她也有聖母瑪麗的特質。

這個想法是由托爾金的朋友穆瑞神父（Father Murray）提出的。在《魔戒》出版前幾個月，托爾金在給穆瑞神父的回信中，感謝他透徹的闡釋，也承認他在描寫凱蘭崔爾時，加入許多聖母的特質。

然而《魔戒》中最容易教人想起宗教意涵的並不是主角的特質，而是隱含在故事中的意義和托爾金所設定的時間。在《魔戒》的附錄B中，我們發現《魔戒》遠征隊在十二月廿五日出發，展開他們的使命。佛羅多和山姆摧毀「魔戒」，把它拋入火山深淵的日子則是在剛鐸的三月廿五日，雖然這個日子在大多數人看來沒什麼意思，但在托爾金所熟悉的古英文傳統中，它卻是耶穌被釘上十字架的日子。因此這意味著故事主要的事件，摧毀「魔戒」、打敗索倫，是發生在十二月廿五日基督降生和三月廿五日基督去世之間。

除非書中有隱含的訊息，否則這樣的巧合沒有意義。托爾金把他的信仰加諸於異教的世界，他書中的人物在非基督教的時空中發揮了他們的角色，然而他們的「次創造者」卻讓他們在基督教的架構中活動，畢竟，他才是最後的決定者。

除此之外，托爾金說他的作品是基督教，甚至天主教的意思，乃是因爲作品中所描寫的恩典。他的人物活在有眞實魔法的世界裡，光是信仰就足以讓美夢成眞，這並非僅是意志力和決心的問題，而是化想法爲眞實。在中土，眞正的信仰可以克服現實，可以改變因果。雖然在托爾金的小說中沒有聖經、沒有十字架、沒有祭壇，但基督的精神卻無所不在。這個故事的核心是善與惡的對抗，最後善獲得了勝利，不過書中也描寫了犧牲、誘惑、自覺和意志。擁護托爾金的朋友W・H・奧登就指出：「《魔戒》中未明指的前提就是基督教。」作家傅勒（Edmund Fuller）則認爲：「書中充滿了神蹟恩典」、「預言在此實現。」

托爾金虔誠信仰天主教，可能是他一生中最重要的事，他是狂熱的教徒，認識他的人很快就會發現這一點。他總把基督視爲「我們的主」，而且深信祈禱的力量，說他在祈禱之後就獲賜故事內容，家人生病時，也只靠祈禱的力量就康復。他的朋友塞爾斯（George Sayers）說：「托爾金是一絲不苟的天主教徒，非常傳統且古板。」他的兒子約翰後來成了天主教牧師，他曾說，「天主教滲透了我父親的思想、信仰，和一切。」因此托爾金會把基督教的微言大義，和聖經的傳統深植在異教的故事中，也就不足爲奇。

另一件托爾金很在意的是，他覺得現代生活和科技的進步充滿了破壞性，他對生態環保的看法和政治無關，而是出於人對現代生活排場的厭惡，和對廿世紀的不信任。他的兒子克利斯多福曾說：「他討厭現代世界，他認爲現代世界基本上就是機器，而潛伏在《魔戒》中的，正是機器。」其他人則更清楚地說明托爾金反現代主義者的態度，書評家塞爾（Roger Sale）就說：「托爾金總是覺得……好像只有笨蛋和瘋子才會想到廿世紀而不覺得恐怖。」作家柯契（Paul Kocher）則指出：「早在環保議題流行之前，托爾金就是生態專家、精彩事物的鬥士、痛恨『進步』、熱愛手工藝、厭惡戰爭。」

托爾金對廿世紀的憤懣清楚地呈現在《魔戒》裡。樹人是文學作品中最悲劇的生物，因爲他們的宿命早已註定，象徵了過去的時代，而「收復夏爾」一節也必定是托爾金所寫過最教他滿意的一章。

的確，托爾金用《魔戒》爲工具，攻擊他最厭惡的目標——科技學者、現代主義者、污染者和積習難改的消費者。他創造了教人深信不移的另一個世界，其中絲毫沒有科技的蹤影，就像克魯特（John Clute）所述，是「針對廿世紀故事，包羅萬象的反神話……描述他所體會到的宇宙——是靈魂在這荒原世紀中所體驗到的另一個現實。」如此，托爾金並不只是滿足他的願望而已，而且要改變人們根深柢固的信念和想法。威爾森（Colin Wilson）就曾清楚說明：

「《魔戒》是對現代世界及科技文明價值的批評，它聲明了自己的價值，並且想說服讀者，書中的價值遠比現有的價值更好……既攻擊現代世界，也是一種信念，是一篇宣言。」

由生態主義者的觀點來看，薩魯曼（這個名字意爲聰明人）就像索倫和魔苟斯一樣罪大惡極。後兩者是神祕的邪惡，是精神性靈的破壞者，是魔鬼，但薩魯曼則象徵腐敗的廿世紀，他是笑裡藏刀的政客，是干擾大自然的人，是污染者，也是邪惡的科學家。薩魯曼培育出一群特別邪惡的半獸人，他們不畏光亮，並且擁有兩倍索倫戰士的力量，他運用機器和科技，書中主角正忙著「魔戒」的戰爭，要由索倫手中搶救中土，他卻在後頭忙著夏爾的現代化。不過薩魯曼卻是因爲「傳統方式」的勝利而敗亡的；因爲甘道夫取自大自然的魔法，和與大自然合作而非爲敵的「善」而挫敗。不過或許托爾金在這一部分著墨過多，或許他把信念描繪得太清楚，難怪在某些讀者看來，《魔戒》根本就是寓言。

第一個這樣說的讀者就是雷納昂溫，他在一九四七年夏天就讀過這個故事早期的版本，他在寫給父親的報告中指出，這其間善惡的掙扎教人不由得想到寓言。公平地說，這是一九四七年，二次大戰剛結束，《魔戒》的主要情節也難免教人以爲是「西方的好人」和「東方的壞人」相爭，的確像是寓言。

所以讓我們再深究證據。首先要探究的是：《魔戒》之戰，是不是反映二次世界大戰。

一眼看去，的確有這個可能。托爾金寫作的時間正當戰爭期間，但若我們再考慮到他在戰前就已經寫了部分，同時在一九三八年前也構思了故事精髓，當時歐陸尚未發生戰爭，法西斯主義已如烏雲罩頂，空氣中也瀰漫了戰爭的氣息。此外，托爾金時常修改增刪已經完成的段落，如果他想寫寓言，盡可以在眞實的情節發生之後，再修改內文，讓它充滿寓言的意味。

如果仔細追索，的確很容易可以由書中找到影射的內容，以下就是三個明顯的例子：托爾金用白和黑色來定義善與惡；他在小說中安排半獸人的語言如德文一樣發喉音；還有最明顯的是中土各國互相爭戰。

《魔戒》第二章第二節「愛隆召開的會議」有更微妙的寓言寓意。這段情節是在描寫大家討論如何處理「魔戒」，在討論中，很明顯可以看出「善」的力量面對衝突措手不及，甚至如甘道夫和愛隆這樣有力量的角色都承認，他們直到最近才明白索倫的威脅有多大。這正像英軍和盟軍面對自一九三○年代起就籌備軍武的納粹一樣，猝不及防。其實托爾金寫這個段落的時間正是戰爭之初。

接著再談故事的中心——至尊戒，它也同樣有各種寓意。雷納首先提出「魔戒」和華格納歌劇「尼布龍根的指環」之間有類似之處，托爾金的回應是，兩者之間唯一的共同點是，它們都是圓的。

不過仔細檢視即可發現，許多號稱寓言的段落其實並沒有眞正的寓言意味，比如黑色一向就象徵邪惡，黑白象徵也是極古就有的對立描寫，何況希特勒之所以選擇黑色爲納粹軍服，正是因爲這些原始的意義。此外，德國和巴爾幹半島有一段距離，而托爾金卻表示巴爾幹才是魔多之域。半獸人的語言和其他許多語言都有類似之處，而且半獸人皮膚黝黑，眼睛細長，並不像納粹的暴風部隊（storm-troups）。雷納或許還沒有意識到，他的話或許更適用於華格納，因爲至少華格納是以古條頓族的神話和傳說爲他故事的靈感。

還有人認爲魔多其實是俄羅斯而非德國，我們當然可以確定，早在二次大戰之前，一直到托爾金去世，他對俄羅斯和共產主義都抱持戒心。他對政治並不熱中，但他在戰爭期間一直懷疑史達林的動機，甚至在俄軍和英美軍並肩作戰時亦不例外。而在戰後，俄羅斯與世隔絕，創造蘇維埃集團，也在托爾金意料之中。不過與其說俄羅斯和魔多相似，不如說德國才是魔多，除非托爾金在想像未來的戰爭，而在一九四〇年代，這大概不太可能。

托爾金曾表示他厭惡任何形式的寓言，也堅決否認他的寫作中有任何形式的寓言，他向好友坦承，在他塑造書中角色的時候，宗教是重要的靈感，但他卻否認《魔戒》除了反映出他自己戰爭的經驗之外，還有其他的意涵。一個例子就是他接受山姆是腳踏實地的忠實士兵一說。肯定山姆是值得信賴的小兵，但托爾金此時想的是他在一次大戰時的經驗，而我們也不能忘記《魔戒》大部分的情節源自《精靈寶鑽》，而後者正是在一次大戰結束後思成寫就的。

托爾金還更進一步否認他在《魔戒》中暗指生態的問題。有人拿他在「收復夏爾」中的描述和戰後英國的情境相比較，對於這點，他覺得特別不悅。不過對於一九五〇年代初期讀《魔戒》（或是有當時記憶）的任何讀者而言，兩者的關聯的確不容忽視。在一九四〇年代和一九五〇年代初期，配給和物資短缺是常態，政府只能搭建組合屋收容因德軍轟炸而無家可歸的難民。全國各產業都得加班以重建家園，污染的問題遠比戰前嚴重得多，貪污腐敗，黑市猖獗，而這一切在哈比人勝利返家之時都看得見。

因此我們該相信誰？究竟《魔戒》到什麼程度可以算得上是寓言？爲什麼托爾金卻如此堅決地否認這種說法？

唯一合乎邏輯的結論是，托爾金並沒有刻意要寫寓言，然而在他下筆時，卻不自覺的把世事反映在他的故事情節裡。正當他開始寫作時，砲火隆隆，世界陷入武力戰爭，因此讀者讀了他的書，拿它和現代歷史比較，就會發現托爾金作品中帶有潛意識的寓言成分，但他爲了某些理由，刻意摒棄這種說法。

要了解托爾金爲什麼這樣做，我們得先深入了解托爾金的個性和動機。首先，在托爾金看來，他的小說描寫的是更純眞的世界，遠非紛擾吵嚷的現世。我們得明白，《精靈寶鑽》是他的「英格蘭寓言」，《魔戒》和這本早期的作品息息相關，而且有極大一部分源自於此。他最不希望的就是讓讀者看輕了他「崇高的理想」，把他宏偉的史詩局限在現代的小框框裡。

他否認《魔戒》是寓言的第二個原因則比較私人。在他寫完《魔戒》，而未能將書付梓的數年期間，C．S．魯益思已經完成了他前幾本納尼亞故事集，而這些故事原就是以寓言方式寫就，托爾金既不喜歡這些書，也厭惡魯益思的動機，因此我們可以假設托爾金不會希望讀者或文評家把《魔戒》當成寓言。對托爾金而言，把他的作品和魯益思的相提並論，尤其是把《魔衣櫥》和《魔戒》相比，是絕對應該避免的。

托爾金也堅決否認他的作品受到其他作家影響。有些書迷寫信來問，他是受這本或那本書，或這位或那位作家影響，他總是否認，甚至抨擊那些作者，這種反應隨著他年歲增長而益發明顯。

一個例子是他對維多利亞時期作家麥唐納（George Macdonald, 1824-1905，英國小說家、基督教寓言作家，原爲牧師，以寫童話著稱）的批評，他曾說麥唐納是「老祖母」，我們得注意，麥唐納是魯益思最喜歡的作家之一，魯益思經常提到麥唐納對他作品的影響，他認爲托爾金也受麥氏影響，並在《哈比人歷險記》書評中提到這一點。

更教人驚訝的是，托爾金晚年竟然抨擊了他書中最教人喜歡的角色——山姆，他從前稱山姆爲「哈比人的珍寶」，但後來他在寫給書迷的信中，卻把山姆說成「自以爲是，過於自信……他是愚蠢傲慢農夫的么兒，……除了對主人忠心耿耿的態度，以及他對佛羅多的愛之外，他對同階層的人卻因某種動機，而有一種輕視的意味（表達在他對他們的容忍憐憫上）。」

托爾金在作品中傾注了自己的性格，遠非其他作家所能及。他小說所蘊含的主題——英雄主義的力量，誠實和忠心的重要，大自然凌駕科技，每一次勝利都得付出代價的觀念，善與惡的掙扎是宇宙不滅的動力等等，這一切都反映出托爾金根深柢固的信念和動機。當然亞拉岡和佛羅多，甘道夫和索倫也都是他的另一面貌，但在作者和作品一般的關聯之外，中土蘊含了更多的托爾金性格。

托爾金以自己的性格塑造中土，程度空前，有幾個原因。第一，托爾金幾乎花了一生的時間在塑造中土，他晚年曾提到，他幼時腦海裡就常想到書中的某些片段。而由現存的資料中，我們也可以發現他早在二十多歲時，就已經創造出他中土神話的架構。托爾金不論吃、睡、呼吸裡全都是中土，它一直在他心裡。即使在《魔戒》停筆一年餘的那段期間，在他上課和批改考卷的時候，和子女在英格蘭海濱小城度假嬉戲的時光，或在「鳥和寶寶」小酌的片刻，它也一直浮現在他的腦海。

第二，就如我們在第五章所見的，托爾金寫這部小說是因爲他有此需要，他得創造一個幻想世界，可以讓自己融入其間。因此他對它必須坦誠直率，也或許是因爲這個原因，他特別厭惡人家把它和寓言相比擬，認爲這樣的說法是一種中傷。

最後，托爾金的個性和他本身在小說中十分明顯，因爲他覺得故事的情節遠比它的風格更重要，在現代主義風行的當時，這樣的想法使他與文學風潮（強調風格而非情節）格格不入。不過托爾金一心要以誠實清楚的方式說一個誠實清楚的故事，這也是他的小說之所以成功的原因，更讓他的書迷對中土神話百讀不厭。

# 第十三章　晚年

《魔戒》的成功並沒有立刻改變托爾金的生活，而當它有力量改變時，也來得有點晚了。

不過艾倫和昂溫沒有多久就發現他們的賭注有了收穫，而且和作者平分利潤的點子實在不是對出版社最有利的作法。《魔戒》才出版六周就開始加印，一九五六年初，托爾金首次收到本書帶給他的第一筆收入，約四千英鎊的支票寄達了海丁頓沙田路，這比托爾金任教職一年的薪資還多。次年的支票金額更大，接下來每一年（直到一九六五年爲止），這本書的銷路都穩定成長，帶給托爾金更多的報酬。

托爾金銀行帳戶在一九五七年又有一大筆收入，原來密爾瓦基馬奎特大學的天主學院出價一千兩百五十英鎊，買下了《哈比人歷險記》和《魔戒》的手稿（還包括《漢姆的農夫蓋爾斯》及當時尚未出版的《布利斯先生》）。對一生都爲經濟掙扎的托爾金夫婦而言，這實在是教人震驚的一筆鉅款，但它也讓艾迪絲和隆納德得以安享餘年，同時揮霍在從前無法負擔的奢侈品上。

托爾金的成功來得很晚——《魔戒》轟動時，托爾金已經六十多歲快要退休了，正一心想把所有的時間都花在其他作品上，尤其是《精靈寶鑽》這本集他四十年心血的結晶上。

其實托爾金在許多方面都比他所存在的時代古老。早在年輕時，他就偏好傳統的觀念，終其一生都是如此，而隨著他年歲增長，他個性中不論好或壞的特性都益發明顯。他的語言障礙越來越嚴重，幾乎沒有人聽得懂他的話，再加上他嘴裡老是含著菸斗，情況更糟。他去世時有報導說他是：「牛津口才最好也是最壞的人——最壞是因爲他說話的速度太快又太含糊，而最好則是因爲他所說的內容深入廣博，幽默獨特。」

托爾金最強烈的特色是他喜歡賣弄學問，這是他之所以成爲成功學者的原因，也是他成爲偉大奇幻文學作家的要素，但這也使得他對許多事過於吹毛求疵。一九五五年BBC曾製作《魔戒》的廣播節目，好評如潮，但托爾金卻非常不以爲然，認爲自己來執行一定可以做得更好。一九五六年，一家荷蘭出版公司打算出荷蘭文的《魔戒》，但托爾金發現有些名字翻譯得不正確，寧可暫停出版事宜。幾年後，也有瑞典出版商惹惱了托爾金，因爲他請的瑞典學者在瑞典文版的序文中，把這本書說成是「寓言」。

托爾金偏見甚強，喜惡分明，就像一般人一樣，他年紀越長就越頑固，情感也就越極端，使他覺得「低俗」或「無聊」的事情自然就越多。他討厭法文和法國菜，他瞧不起所有的記者，他覺得大部分的攝影師都拍不出好相片來，他自己來做可能還更好。他總受不了插畫家爲他的書所繪的書皮圖案和插圖，也覺得大部分的出版商毫無效率可言，發行和促銷更是統統不及格。

凡是和他有關的任何事，托爾金都要鉅細靡遺，事必躬親。一九六七年《每日電訊報》的記者夏洛特和丹尼斯・普利摩（Charlotteand Denis Plimmer）來採訪他，事後把訪問稿送來，結果托爾金回以長達兩千字的論文，把記者寫的每一段都拆得七零八落，好像他們是學生一樣。普利摩夫婦把托爾金的車庫（已經改爲工作區）描寫爲「書房」，這點並不正確，此外，他們說《精靈寶鑽》的創作源起是因托爾金對創造語言的熱愛，光這兩點就花了托爾金半頁的篇幅批評改正。

托爾金越來越保護自己的隱私，幾乎到了偏執狂的地步，他不願向因《魔戒》成功而招來的衆多記者和作家透露，關於自己的丁點訊息或過去，也不願成爲個人崇拜的對象，更不明白爲什麼大家會對他和他的作品有興趣，他甚至覺得別人都把他當成怪物。一九六〇年代初，W・H・奧登原本要爲他作一小傳，但後來托爾金向出版商表示這樣的文章應由熟人來寫，二來會破壞他的私生活，因此計畫也就流產了。

他對現代文學的意見從沒有軟化，而且他也討厭不論任何時代、不論任何作家寫的作品。曾有記者向托爾金提到，C・S・魯益思把他比喻爲十六世紀義大利作家亞里奧斯托，托爾金答道：「我不知道亞里奧斯托是誰，就算我知道也會嫌厭他……塞萬提斯只不過是浪漫文學的除草劑……但丁也引不起我的興趣，他滿懷惡意。我不喜歡和任何小城小市的小人物扯上任何關係。」

而他批評最力的對象就是他自己，這正是促使他把作品一改再改，甚至整段重寫的主要原因。他很清楚《魔戒》的問題所在——雖然書裡談到五個巫師，但我們比較認識的只有兩個（甘道夫和索倫），另外中土最老的是誰——湯姆邦巴迪爾還是樹人；精靈瑟丹擁有一枚權力戒指，但他在書裡只有驚鴻一瞥，凡此種種都很難釐清，托爾金打算再寫更多的書來解釋。曾有一次，一九六〇年代，出版商請他修訂《哈比人歷險記》，以發行新版本，他徹夜重讀自己的作品，準備動手重寫，好不容易才克制住這樣的欲望。他深信任何故事都該先寫成詩，而《精靈寶鑽》正是如此。

托爾金從不肯讓步，在許多方面他也深信別人都錯，只有自己才是對的。這樣的立場是他成爲成功作者的必要條件。他知道自己的《魔戒》非常特別，他也因爲自信，才能追求目標達十七年而不輟。雖然出版商一再拒絕出版《精靈寶鑽》，但排除萬難出版之後，也證明托爾金對《精靈寶鑽》的看法是正確的。

不論用什麼標準來衡量，《魔戒》都是莫大的成功，但後來又發生一連串偶然，使他原本暢銷的作品更登上世界舞台。

一九六五年初期，美國的愛司出版公司（Ace Books）注意到《魔戒》掀起熱潮，大學生人手一本，尤以加州爲然。他們又發現托爾金的出版商——位於波士頓的米夫林違反了出版法，因爲他們由英國出版商進口的未裁書頁超過法律所准許的數目。愛司公司於是決定要放手一搏，出版了《魔戒》的盜版書。

在愛司公司的書尚未發行之前，米夫林聽到消息，立刻聯絡倫敦的艾倫和昂溫，雷納・昂溫一聽暴跳如雷，但他明白米夫林非得趕緊出新的平裝本才行，而出新版本也必須要先經修訂，因此昂溫立即趕赴牛津向托爾金說明這情況，請托爾金務必盡快做小幅的修改。

然而托爾金卻什麼也沒做，幾個月過去了，到一九六五年六月，愛司版的書已經送至全美各地書店，雷納急著要趕快把經托爾金校訂過的稿子付印，因此逼托爾金交稿，卻發現他老人家根本連動都沒動，反倒修訂了《哈比人歷險記》。

愛司版的《魔戒》印得仔細，也忠於原著，封面設計漂亮，最重要的是每一冊只售七十五分錢，是原版售價的一小部分而已。米夫林準備採取法律途徑解決此事，但愛司有恃無恐，根本不打算付托爾金任何一毛版稅。

到了一九六五年八月，托爾金終於了解事態嚴重，他發現如果繼續這樣下去，恐怕愛司版雖暢銷，但他一毛也賺不到。於是他終於改好原稿，交給昂溫，昂溫再轉交給米夫林。

就在一九六五年聖誕節前，巴倫泰版的《魔戒》終於上市，然而因爲這個版本要付版稅給托爾金，因此每冊訂價爲九十五分錢，讀者自然還是會選擇愛司版的書。

原本老神在在的托爾金如今對這樣的盜版行爲非常氣惱，但他不知該如何處理，只能指望出版商告上法庭，但就在此時，事情卻有了轉機。原來只要讀者來信，措辭有禮，並要求作覆，托爾金總會認眞回信，因此他經常耗費數小時只爲回一封信，如今這樣的作法獲得報償，因爲他在給美國讀者的每一封回信中，都提到愛司版本帶來的困擾，指出這使他不能專心創作，結果這個消息迅速地流傳出去，一傳十，十傳百，不到幾月，大家都知道不該買愛司版，而該選擇巴倫泰版的《魔戒》。

這個消息引起了美國媒體的注意，不用多久，原本不知道《魔戒》的人也聽說了它的大名，好奇心大起，因此花九十五分錢買一本來瞧瞧。一九六五年，愛司版的《魔戒》售出十萬本，但有他授權的巴倫泰版則在六個月內創了百萬本的銷售量，使《魔戒》在美國出版十年後一躍而登上暢銷書榜。一九六八年，這本書在全球已經售出三百萬本。

愛司版的《魔戒》把托爾金的傑作化爲廿世紀的出版奇蹟，但愛司公司後來不但和米夫林達成和解，得付版稅，並且溯及既往，更重要的是，這次的盜版行爲把托爾金和中土推上了聚光燈下。

《魔戒》抵達西方國家校園的時機拿捏得正好。這本書是由著重傳統的人寫的，是牛津教授在二次大戰期間完成的，但卻打動了新世代的心，當時這些年輕人正流行吸食迷幻藥，嬉皮文化方興未艾。一九六六年的「搖擺倫敦」正是其巔峰，卡納比街（Carnaby，倫敦時尚街）更是繁華無比，當時最棒的專輯，披頭四的「Revolver」才剛推出，LSD和大麻也正風行。那年夏天，流行的徽章上印的都是如「托爾金是哈比人祖師」、「支持甘道夫選總統」、「佛羅多萬歲」之類的標語。托爾金和中土的人物甚至出現在波蘭和婆羅洲等這些教人意想不到的地方。駐紮在越南的美國大兵還碰到有些土著高舉印有索倫之眼的盾牌。

我們很容易就可以了解爲什麼《魔戒》這麼容易吸引嬉皮。這個故事的背景是在另一個現實，其中沒有傳統的宗教，魔法可以讓一切發生。它公開反廿世紀，反科技，反腦袋裡只想著麵包的人。但最重要的是托爾金和他的書不只吸引嬉皮，也不只吸引年輕人，不分男女老少，不論任何背景的人都對他的書有興趣，它自有普遍性，也可以就各種不同的層面，各種不同的方式作闡釋（有些方式甚至連作者也意想不到）。

因此突如其來的，托爾金發現自己成爲媒體追逐的對象，成了衆人崇拜的人物，成了某種精神導師。這幾年來一直不斷增加的書迷信件，如今氾濫成災，遠非他個人所能處理，他也接到如好萊塢影星或太空人等全球知名人物寫來的仰慕信函，甚至還有人寫信來說，他太太迷戀書中角色亞拉岡，教他煩惱不已。在這封信寄來之後不久，托爾金還聽說契登罕地方的十歲學童演出《魔戒》故事劇，飾演佛羅多的孩子因太過投入，結果有一個月都無法由角色中自拔。也有一名國會議員拜訪托爾金在海丁頓的家，讚揚他「《魔戒》根本不是你寫的」，意思是說這本書渾然天成，是上帝賜給作者的傑作。

有些書迷凌晨三時由美國加州打電話給托爾金，因爲他們忘記兩地之間有時差。一九六七年夏天，一群美國學生赴英旅遊，特地來訪托爾金，在他家外頭紮營，一邊高喊「我們要托爾金，我們要托爾金。」

托爾金很高興他的書受人喜愛，但卻因讀者的行爲而困惑心憂。原因很簡單，他對此毫無心理準備，在他看來，作品就是作品，他不懂爲什麼有人會對他個人、他的私生活，或他的過去有興趣。艾迪絲也有同樣的感覺。她試著爲丈夫阻擋外界的紛擾，好讓他專心自己的工作，但到一九六〇年代中期，她已經年逾七十，很難擋住過度熱情的書迷和探頭探腦的記者。一九六八年，托爾金夫婦已經不能在海丁頓待下去了，他們得搬家，新地址也得保密，不能列在電話簿上，他們對各種計畫也得慎重小心。

就某些角度而言，現在正是離開牛津的好時機。自一九五九年退休以來，托爾金一直都想繼續寫《精靈寶鑽》，但進度一直很慢。他覺得人生乏味，也常覺得憂鬱沮喪。他不喜歡漸入老年的感覺，也懷念年輕時多彩多姿的生活。孩子們現在都已經長大離家，自組家庭，老友凋零，要不然就是住得很遠，最糟的是，他覺得自己寫作的力量和熱忱正一點一滴地流逝。

不過有兩件事依然能提振他的精神，第一件是他的信仰，隨著年歲增長，他的信仰日益堅定，另一件則是艾迪絲，他們倆現在遠比任何時候更親密，如今托爾金有更多時間陪她，兩人聊聊兒女或孫兒女，或是上他們喜歡的牛津餐廳吃飯。他們現在也比較寬裕，可以享受人生。一九六六年，他們赴地中海遊覽，當年三月也在莫頓學院的花園裡舉辦盛大宴會，慶祝兩人金婚，作曲家史旺（Donald Swann）還爲他們演奏「長路迢迢」——中土歌曲選粹。

托爾金夫婦的新家在普爾（Poole），這是在南岸鄰近波尼毛斯的小城，他們因常去那裡度假而熟悉這個地方，艾迪絲在那裡有些朋友，但對托爾金而言，必然會覺得在文化上格格不入。

他們在波尼毛斯的米拉馬大飯店附近買了一幢小洋房，這個飯店是艾迪絲赴波尼毛斯時最愛住的地方。在這裡她覺得如魚得水，遠比他們住過的任何城鎮都舒服，而那裡的人（包括許多年長的居民）也和艾迪絲氣味相投，都來自單純的背景，同樣純樸而沒有學術文化。艾迪絲喜歡和朋友玩牌，喝茶，或是和老伴兒攜手沿著海濱漫步，穿過和俯看英吉利海峽的豪宅和溫室。

他們的洋房有一個大花園，托爾金喜歡在裡頭養花蒔草，他們的房子不大，可以整理得安適妥貼。對艾迪絲而言，在普爾的這一小段日子，可以說是她一生中最快樂的時光，但在托爾金看來，卻可能比較難過。他的周遭沒有任何學問相當、可以談天說地的對象，他雖參與社交活動，但邊喝茶邊婆婆媽媽的絮絮叨叨一定教他厭煩不已。不過托爾金卻似乎把這段時光當成彌補艾迪絲的機會，他深愛妻子，而到暮年，他可能終於了解：這些年來她在某些方面有多麼不快樂，她討厭大學裡的裝腔作勢，也不怎麼喜歡他的朋友，她沒有像他那般的虔誠信仰，而雖然她對他的成就感到欣喜驕傲，卻無法融入他的知性世界裡。這許多不花腦筋聆聽輕音樂，和波尼毛斯中產階級老年人共處的時間，就是托爾金補償艾迪絲的代價，彌補他當年整夜泡在酒館或魯益思的研究室裡和他高談闊論，辯論神學哲思，而讓艾迪絲獨守空閨的時光。

這樣的疏離使得他益發懊悔，他似乎誤以為自己過去也忽視了子女。其實他非常寵他們，也盡心盡力地愛他們。他們全家人的密友達德安（Simonne d'Ardenne）曾說：

「四十年來，他所有的信都談到他擔心子女的健康，幸福，他們的將來，他要如何盡力幫助他們在人生路上成功。」

雖然托爾金在這段時期沒有老朋友在知性上的啓發，但他逐漸接受這個事實，甚至逐漸習慣了這樣的環境。他常覺得灰心，因爲他不能像以前那樣賣力地工作，他也懷念大學裡遠離塵囂的生活，但他並不在乎自己的生活中缺乏美感。在家居生活裡，他總講求實用，美則在其次。諾斯摩爾路的房子是牛津北區最不漂亮的幾棟房子之一，而W・H・奧登也曾描述他們在海丁頓的家說：「可怕，牆上還掛著很難看的圖畫。」這話教托爾金夫婦甚爲不悅。

如此講究語言之美，創造出如《魔戒》那般美麗作品，深受工藝美術家威廉・莫理斯（William Morris, 1834-1896）啓發的人，對他自己屋裡欠缺美感一點也不在乎，似乎不可思議，然而這或許也並不是那麼難解，因爲托爾金時常陶醉在自己的世界裡，他總是忙得不得了，把心思放在學校和自己的內心——他的寫作上，因此無暇顧及這一點。他活在中土的時光甚至比在眞實的世界裡還多。

他在普爾也努力工作，我們或許可以想像他在一九六〇年代末，埋在書堆裡伏案寫作的情況。他含著菸斗，要整理出十年前自己寫下，如今又在某個檔案裡翻出來的某個想法，想把它安插在自己宏偉的神話裡。然而在托爾金最後十年的生命中，他的史詩作品《精靈寶鑽》卻沒有多少進展，他的架構和一九五〇年當時一樣，雖然有所增加，但卻益發天馬行空，不斷孕育出新的想法，新的念頭，與其他複雜的情節和故事相連結。托爾金對他的神話就像以往一般專注，他依然視之爲英格蘭的神話；一九五〇年代，他甚至還想過要把它獻給女王伊莉莎白二世。

到一九六〇年代晚期，托爾金已經成了百萬富翁，但先前拮据的生活使得他和艾迪絲依舊不敢揮霍金錢，他們爲子孫成立了信託基金，也過得較舒適富裕，雖然他們不奢侈，但該花的也並不節省。托爾金常抱怨在餐廳用餐的價碼貴得離譜，但他們卻幾乎天天吃館子，享受美食醇酒。托爾金晚年時講究衣著，如果老友魯益思看到，一定會大吃一驚。他們倆年輕時都瞧不起時髦的打扮，認爲那是同性戀的象徵；在魯益思，這樣的態度甚至誇張到荒謬的地步，有人說新衣服給他穿第二次就舊得不成樣子。但托爾金在年逾七十之後，卻發現了打絲質領帶和穿手工靴子的樂趣，拿他後來所拍的相片和他中年時期擔任教授的相片一比，就可看出其品味的差異。

托爾金依舊接到許多來信，不過現在由出版社幫他過濾信件，而他也不像以前那樣有精力，能一一爲讀者回信。他依舊關心生態的問題，而且也和其他上了年紀的人一樣，活得越久，對現世就越不滿，因爲他覺得世界變得越來越糟。如果通往他喜歡餐廳的路，因爲開拓新路而破壞一片鄉村美景，那麼他絕不再光顧那家餐廳。他發現橫渡英吉利海峽的水翼船，竟在未獲他許可的情況下命名爲「影疾」（Shadowfax，甘道夫駿馬的名字）時，更是氣憤難當。還有一次，在交給國稅局的支票背面，他寫上「一分錢都不給協和機。」

不過到一九七一年，他的生命又有了改變。艾迪絲如今已經八十二歲了，身體狀況越來越差，十一月間她因膽囊發炎緊急送醫，幾天後，也就是十一月廿九日去世。

於是托爾金進入了他人生的最後階段。哀痛逾恆的他在普爾逗留了一陣子，把一切安排妥當，接著他和家人與老友住，慢慢習慣沒有艾迪絲的日子。他的兒子克利斯多福現在已經是新學院的研究員，他幫托爾金申請了一間房子，位於莫頓街廿一號。這間房子是以往托爾金任教的莫頓學院所有，他可以把自己的藏書全都放在書架上，還有一間書房，和舒適的生活空間，卻只要付最低的租金，還提供學院廚師所烹調的免費三餐，並有全職管家打理一切，免費使用電話，並設有骨董家具，客廳還有一張很大的豪華地毯。

托爾金很高興能回到牛津，以榮譽研究員的身分重回學術圈，但他的日子卻很寂寞。他還繼續修改自己的偉大作品，回函來自世界各地的讀者信件，兒孫時常來訪，他也常和老友相聚。一九七三年春，托爾金唯一倖存的T. C., B. S.老友韋斯曼來牛津看他，兩人一同回憶過去的時光，一同品味這麼多年來共享的友誼，以及消逝在他們生命和世界上的一切。托爾金也在兒子約翰的陪伴下，探訪了他的弟弟希拉瑞，希拉瑞在一九三〇年代成了果農，依舊住在伊夫斯夏谷的果園裡。

托爾金晚年不但受學術界推崇，也在文學界舉足輕重。一九七二年春，他在白金漢宮接受褒揚，獲封CBE（大英帝國勳爵），當晚雷納・昂溫在五月花蓋瑞克俱樂部爲他舉辦餐會。學術界頒了許多榮譽博士學位給托爾金，但他最珍視的是一九七二年六月他的母校頒給他的榮譽博士學位，頒贈典禮於牛津市中心的謝多尼恩舉行。他的老友，也是「吉光片羽社」的成員——牛津大學的發言人哈迪（Colin Hardie）發表演說，表彰他的成就。

幾年來托爾金的健康日益惡化，他在普爾時開始有關節炎，並有膽囊感染，一九七二年後，他也有幾次消化不良，雖然去看過醫生，也照了X光，但並沒有什麼發現。一九七三年八月廿八日，他赴布尼莫斯拜訪朋友托赫斯特夫婦（Denisand Jocelyn Tolhurst），當天是托赫斯特太太的生日，托爾金似乎很高興，還喝了一點香檳。但當晚他因疼痛驚醒，第二天一早因胃出血送往醫院，原來X光沒有檢查出他有胃潰瘍。三天後，一九七三年九月二日周日上午，托爾金教授以八十二高齡辭世。

# 第十四章　永遠的傳奇

一九六〇年代末期，記者華姆斯利（Nigel Walmsley）曾這麼描寫《魔戒》：「《魔戒》大受歡迎的現象，可以由幾個層面的讀者來解讀：年輕人和一九六〇年代叛逆的西方中產階級。這本書對當時的大衆次文化有初期的影響，就如鮑勃・狄倫（Bob Dylan）的唱片一樣有其商業上的吸引力。」

接著他斷言，到一九六八年，托爾金的命運就要走下坡，他認爲已經有跡象顯示：「文化態度將有劇變，將結束托爾金大放異采的短暫時期。」

華姆斯利的預言就像當初披頭四絕不會紅、或是德國第三政權（The Third Reich）能延續千年那種預言一樣不正確，因爲後來發生的情況和他所說的恰恰相反，《魔戒》隨著時光流轉，更受人喜愛，更受歡迎。

這名記者犯的錯誤很常見。他相信《魔戒》只能吸引某一類型的人，如果眞的只有憤怒的年輕人對它有興趣，那麼它的確可能會隨時間而被人淡忘。但《魔戒》吸引的是各種不同文化背景的人，因此這種預言當然是錯誤的。

然而和華姆斯利一樣看錯的人很多，就在十年前，一九六一年，另一名記者湯比（Philip Toynbee）曾這麼寫道：「托爾金幼稚的書已經被人淡忘。」接下來幾年，托爾金和他作品所造成的震撼引發了衆多的批評，在「趕流行的托爾金」之後，我們還聽過「種族主義者托爾金」、「性別歧視者托爾金」、「法西斯主義者托爾金」等等指控。文評家夏普斯（Walter Scheps）說托爾金的世界是「父權主義」，還有人認爲是「反動」，甚至「反智」。有的人取笑《魔戒》，稱之爲「小熊溫尼版」的史詩，也有人故意吹毛求疵，就是認定它無足輕重。

這種批評在《魔戒》首部曲《魔戒現身》於一九五四年出版之後陸續湧現，但一九九七年更達到巔峰，原來水石（Waterstones）連鎖書店舉辦了調查活動，詢問讀者哪一本是他們最喜歡的廿世紀書籍？

結果把許多人嚇了一跳。全英共有兩萬五千人投票，其中有五分之一以上把《魔戒》列爲第一選擇，喬治・歐威爾（George Orwell）的《一九八四》名列第二。其實在該書店一百零五家分店中，有一百零四家的讀者都把《魔戒》列爲第一，只有在威爾斯，喬哀思（James Joyce）的《尤里西斯》（*Ulysses*）名列第一，《魔戒》第二。文壇立刻對這樣的結果有了極其尖刻的反應。

傑佛瑞絲（Susan Jeffreys）在《星期泰晤士報》上氣呼呼地這樣寫道：「是嗎，果眞是如此嗎？」她聽到這消息的反應是「天哪，天哪，天哪，天哪，天哪，天哪。」我們簡直可以想見她手上的茶杯掉到地上，在廚房內迴盪的聲音。

接著她寫道：「我要趕緊叫醒英格利斯（Bob Inglis，另一名記者同行），把《魔戒》被水石和第四頻道觀衆票選爲本世紀最佳書籍的大消息告訴他。任何一兩個識字的人聚在一起，聽到這消息，必然也會有和他一樣的反應。」

夏比（Tom Shippey）教授指出：「她指的當然是兩三個識字的人，不過文人這個詞本身就很有意思，當然並不是指識字的人，因爲很顯然識字的人就包括《魔戒》迷在內（不識字怎麼可能讀《魔戒》？）因此傑佛瑞絲的意思是，略懂文學的人，而這些人當然知道他們該知道的事，因此這個意見太自以爲是。」

失望的當然不只傑佛瑞絲，接下來許多記者和作家的反應由不敢置信到義憤塡膺，有的人語出譏諷，如一名叫作賈可柏森（Howard Jacobson）的作家就嗤之以鼻道：「托爾金——那不是給小孩子看的嗎？還是給智障的成人看的？這只是證明了調查的無稽，教人讀書的無稽。關掉圖書館吧，把這些錢拿去做別的用途。」

（需要說明的一點是，傑佛瑞絲、賈可柏森和其他人的作品，是出現在文藝界人士綜合反應的作品中，他們知道自己的文章會和其他人類似的文章一起刊登，有許多讀者會讀。）

在其他地方，女性主義者和其他反托爾金的人也一再地指稱《魔戒》是「青少年」文學作品，這也並不正確，最近數十年來，讀《魔戒》的有男有女，並沒有特別的性別差異。作家尼可茲（Andrew Nikolds）回憶他初識托爾金作品的經驗，就是「在倫敦地下鐵的車站裡，可以看到所有站在電扶梯右側，讓趕時間旅客通行的女孩，都人手一本在翻閱《魔戒》。」

震驚之後是懷疑。文評家勞森（Mark Lawson）在廣播節目裡暗示，投票過程一定有作手腳，反托爾金的人都覺得很有道理，都怪國際網際網路和「托爾金的投票部隊」。

《每日電訊報》的「文人」為了要證明他們的觀點，決定自己辦讀者票選，請讀者選出他們最喜愛的書和作家。《魔戒》再度獲選為讀者最喜愛的書，托爾金也再度獲選爲最受喜愛的作家。這樣的結果不啻是在傷口灑鹽，依然可以聽到不公之聲，但這回聲浪可小多了。兩個月後，佛里歐學會（Folio Society）針對五萬名會員作了調查，不容外人參與，結果有一萬名會員投票，托爾金的《魔戒》獲得三千兩百七十票，珍・奧斯汀的《傲慢與偏見》名列第二，得三千兩百一十二票，狄更斯的《塊肉餘生錄》則以三千零七十票名列第三。

葛瑞爾（Germaine Greer）綜合文壇的反應，她提到自一九六〇年代初，她唸大學開始，就擔心總有一天托爾金會被視爲廿世紀影響力最大的作家，而她不喜歡他的作品，主要是因爲他竟能創造徹底虛構的世界，而且還在其中訂定了和我們的世界完全相異的規則。

爲什麼托爾金招來這許多自詡爲文壇人士的批評？背後是否有什麼文章？

或許最大的謎題在於：作家創造出「自有年代、地點和虛構人物」的世界，究竟有什麼不對？誰規定這些規則的？爲什麼小說不可以描寫這些？小說家的任務不就是要帶讀者進入完全不同的現實，否則這個作品就不叫小說了。即使是最通俗的小說，只要是小說，就是描寫另一個現實。誰規定小說家可以創造某種程度的幻想，但僅止於某種程度而已？

托爾金的作品在文學圈子裡並不流行，和他同時代的作家如威爾森（Edmund Wilson，現在還有誰讀他的作品？）之所以能立足文壇，就是因爲他描寫深沈的人類情感，他們明白地表示：他們寫的是「眞正的人性」，探索人類的處境，幫助讀者更了解人生。因此葛瑞爾或勞森（Mark Lawson）認定所謂偉大的文學——並非給「智障成人」讀的，是描寫他們認爲重要的事項，如道德價值，人性的眞相，有時還包括比較沒那麼永恆的政治或宗教討論。的確有許多好書描寫這些題材，但根據現代文評家所訂的規則，這些題材只能用很少的方式描寫，而許多文評家未能看出的是，托爾金的確在《魔戒》和《精靈寶鑽》中描寫了這些題材，只是他沒有照文評家喜歡的方式描寫。

如今，幻想文學逐漸在文學界占有一席之地，而有些文壇祭酒反倒漸漸被人遺忘，在市場演化的自然過程中遭淘汰。J．K．羅琳（J. K. Rowling）、普曼（Philip Pullman）、班克斯（Iain Banks）和其他小說家的作品叫座又叫好，已經改變了許多文評家的態度，有些作家橫跨兩種文體，以成人的觀點來寫兒童小說，這和托爾金半世紀前所做的並沒有什麼兩樣。J．K．羅琳也被視爲許多主流成人文學獎的候選人，普曼的作品甚至有可能被列爲布克獎（Booker Prize）得主。

對《魔戒》最嚴厲的批評者，不但漠視它的存在，而且一心希望讓它消失。德雷波（Margaret Drabble）所編的《牛津英國文學手冊》只花了十二行文字談托爾金，而喬哀思卻有七十六行說明，不過這樣的作法根本是徒勞。托爾金非但是廿世紀最受歡迎的作者，也在文學界有舉足輕重的影響。

今天，幻想文學可能是各種文學形式中最暢銷，閱讀最廣的形式，而大部分的幻想文學作者都承認拜托爾金之賜，才能讓幻想文學得占一席之地，除此之外，中土的世界也啓發了許多電玩軟體，探險屠龍的產業乃是根源於托爾金的神話世界。許多年輕人一讀再讀中土故事之後，更進一步沈醉在角色扮演和電玩世界裡。

托爾金的影響也遠超過傳統的幻想文學，由《哈利波特》就不難看到托爾金的影子，雖然兩者的背景和情節截然不同。托爾金的影響也波及電視電影，比如〈星際大戰〉（Star Wars）、〈星艦迷航記〉（Star Trek），和〈巴比倫五〉（Babylon 5）等。

除此之外，托爾金的世界也成爲許多學者探討的主題，他們著書立說，解釋托爾金所創作的中土，分析他字裡行間的意義。許多大學生甚至研究生的論文都以中土爲主題，還有大學開研究《魔戒》的課。如果在網路上搜尋「托爾金」或「魔戒」，可以找到五十萬個左右的網站。《魔戒》一推出就熱賣，如今已經售出一億本以上，《哈比人歷險記》也有六千萬本的銷售量，兩本書每年約增加三百萬本銷售額，而且翻譯成三十餘種語言，包括塞爾維亞—克羅埃西亞語、冰島語、希伯萊文和俄文。「哈比人」一詞甚至也被收錄在《牛津英語字典》裡，一本保存完好的初版「哈比人歷險記」最近在網路上以八萬五千鎊（編按：約合台幣四百二十五萬）售出。

托爾金的作品對人們也有切身的影響，接任托爾金牛津教職的夏比教授就說，「托爾金讓我變成觀察者，他讓人成爲賞鳥人、觀樹人。」

在這樣的熱忱中，克利斯多福托爾金也努力讓中土更爲人所知。在他父親去世後，他費了許多工夫，想要編製目錄，並編輯父親留下來、塞滿書房檔案櫃，堆在一角的龐大筆記、殘篇、半完成的故事，和凌亂的故事手稿。

托爾金共寫了三個版本的《精靈寶鑽》，包括「簡介」、「短史」，和三者中最詳盡的「精靈寶鑽爭戰史」，托爾金在《哈比人歷險記》出版之後，於一九三七年把「精靈寶鑽爭戰史」交給喬治昂溫，這是作者主要的手稿，經過反覆修訂，並且有詳細的註解。

克利斯多福．托爾金的第一個任務就是要由龐雜的遺稿中，整理出完整可讀的《精靈寶鑽》，這是托爾金自己完成不了的任務，非得靠熟悉作者，和作者一樣了解中土，卻又不會陷身其間的人，才能把這本書編輯成出版的形式。

全球托爾金迷翹首以待的《精靈寶鑽》終於在一九七七年出版了，這本書優美、複雜，有點深奧難解，然而對被《魔戒》迷惑的托爾金迷而言，這本書卻提供了許多解答，也交代了不少背景。在《精靈寶鑽》之後，克利斯多福接著編輯《努曼諾爾和中土未完成故事》，其中交代了更多的細節，而在一九八三至九六年之間，共有十二冊托爾金遺作經整理出版，更進一步描繪托爾金的神話，這些文集名爲《中土的歷史》。

托爾金迷熱烈期待的電影版〈魔戒〉已經在二〇〇一年十二月十九日首映，有些影旋風，票房紀錄可望超越〈星際大戰〉、〈E・T・〉等鉅片。

其實好萊塢很早就對托爾金的作品有濃厚興趣，曾有一群製片商在一九五七年和托爾金接觸，提出拍攝提案。這份由艾克曼（Forrest J. Ackerman）、齊默曼（Morton Grady Zimmerman）、布洛代克斯（Al Brodax）擬的提案後來輾轉交給托爾金，可以想見他對其間的一切都不滿意。他寫了長達兩千字的批評，幾乎和提案一樣長，把提案裡最微小的細節都大大批評了一番。不過當時他的確有理由，因為這個提案一副趾高氣昂的態度，把故事寫得很幼稚。雙方通了幾封信之後，美國製片商明白他們的主意行不通，此事也就擱下了。

幾十年之後，聯美（United Artist）取得《魔戒》的電影版權，宣稱已經支付七位數字的酬勞請導演約翰・包曼（John Boorman）寫劇本，要把三部曲濃縮為一部劇情片，不過後來聯美並不喜歡這個劇本，包曼也轉拍其他電影，包括〈神劍〉（Excalibur）等。

一九七八年，導演巴克希（Ralph Bakshi）用「背景對位（rotoscoping）」技巧拍〈魔戒〉，用人物和卡通合演，結果被影評人批評得體無完膚，因為故事進行到一半就突然停了。巴克希只拍了故事的前面部分，還打算要拍續集，但影評人和托爾金迷全都鳴鼓攻之，計畫也就打消了。

後來在紐西蘭拍的〈魔戒〉則是由紐西蘭導演彼得・傑克森（Peter Jackson）執導並和編劇共同寫劇本。傑克森本身就是托爾金迷，他在一九九四年開始有拍攝《魔戒》的計畫，他首先和當時擁有電影版權的Miramax接觸，不過該公司的主管並不了解托爾金的作品，認爲要拍這部片唯一的作法，就是把三部曲濃縮成一部，傑克森拒絕接受，而打算依〈星際大戰〉或印第安納瓊斯系列的方式來拍一系列影片，Miramax給傑克森兩周的時間找願支持他，依他的想法拍片的金主，而他找上新線影片（美國線上／華納公司旗下），爭取到籌拍三部影片史詩系列的資金。

這部影片全都在紐西蘭拍攝，正好提供中土的各種地形地貌。傑克森自一九九四年想拍《魔戒》以來，滿腦子都是《魔戒》，如今二部曲和三部曲，將於二〇〇二和二〇〇三年十二月上映。

光是〈魔戒〉首部曲的拍攝就花了兩百七十四天，用了兩千餘人，三百餘個場景。這部片子的預算保守估計爲兩億美元，演員包括老幹如飾演甘道夫的伊安・麥克連（Ian McKellen）、飾比爾博的伊安・何姆（Ian Holm）、飾演薩魯曼的克里斯多夫・李（Christopher Lee）和新枝如飾凱蘭崔爾的凱特・布蘭琪（Cate Blanchett）、演亞玟公主的麗芙・泰勒（Liv Tyler）、演愛隆的雨果・威明（Hugo Weaver）等。四名哈比人則全都是由新進的演員演出，包括飾佛羅多的伊利亞・伍德（Elijah Wood）、演山姆的西恩‧愛斯丁（Sean Astin）、飾皮聘的比利‧包依德（Billy Boyd），和演梅里的多明尼克‧摩那漢（Dominic Monaghan）等。

托爾金迷全都擔心電影會蹂躪原作，何況不論影片拍得再怎麼好，都會有人吹毛求疵。據托爾金學會的克羅蕭（Richard Crawshaw）說，「托爾金從沒想到他的書可以改拍為電影，我們覺得沒有任何電影能捕捉到原書的深度和精髓。」然而這樣否定的態度來得太早了，為這部片子五年多來每天工作十六小時的彼得傑克森信心十足，他說：「自托爾金完成這本作品以來，已經過了這麼多年，電影技術足以趕上他的想像力。」這部影片的製片人歐斯伯也說：「我們花了很多心血希望能傳達原作精神，希望能忠實原著，不負托爾金迷的期望。」不過影片依然有彼得傑克森個人的風格，有些人可能會對他對原著的闡釋有異議。傑克森曾說：「我想要拍的是托爾金本人也會欣賞的影片，不過要誠實地做到這一點，對我而言，就是拍一部彼得傑克森的影片——我自己對這部熱情古典英國作品的闡釋。」

這部片子未演先轟動。二〇〇〇年，最早的預告片就被下載了一百七十萬次，二〇〇一年夏天影片網址正式成立，第一周就被閱讀了六百二十萬次。有些放映〈珍珠港〉的戲院播放九十秒長的〈魔戒〉預告片；而根據托爾金的出版商表示，每次一播預告片，《魔戒》的書就熱賣。英美報紙都報導了托爾金作品暢銷的現象。在影片上映前六個月，《魔戒》電影版本書光在美國就狂銷了二十五萬本，另外訂價七十美元長達十三小時的十片光碟版有聲書也在書店販售。托爾金美國平裝版作品的出版商巴倫泰公司說：「銷售量一飛沖天」。另外還有報告說，原本看《哈利波特》的讀者（大半是七至十四歲的孩子）如今也首次展讀托爾金的作品。

《魔戒》熱賣對托爾金家人的財務當然極爲有利。這本書的電影版權很早就售出了，托爾金的子孫幾乎無法由影片和商品所得獲得任何利潤，但未來幾年《魔戒》和托爾金其他作品的銷路應該會大增，而托爾金與雷納昂溫在一九五二年訂定的利潤平分合約依然生效，因此每本書出售，托爾金家人所得的版稅都會比一般作家來得高。

諷刺的是，托爾金家人一定會是最不喜歡這部影片的人。托爾金自己對好萊塢就完全不信任，也不同意任何人染指他的作品，而他的編輯克利斯多福也和這部影片及其製片人沒有任何淵源，而根據接近托爾金家人的朋友說，托爾金的子女看法和他們的父親及許多書迷一致，認爲根本就不該把原書改編爲電影，他們認爲書已經說了完整的故事，不需要任何人重新闡釋。

在許多方面，《魔戒》都是十分獨特的，它暢銷的情況遠勝於其他的故事，它招來的論戰也遠甚於廿世紀所有的書本，而在它初次出版之後近五十年，也改編成電影，將吸引更多人，吸引尚未發現中土及其角色魅力的全新讀者。然而這幻想故事爲什麼能吸引新一代的讀者?它究竟有什麼魅力，能讓口味變幻莫測的廿一世紀讀者，像先前五十年的讀者一樣，深深著迷而不可自拔?

托爾金在《魔戒》中創造的不只是精彩的戰爭場面、奇特生物和刺激冒險的幻想世界，他也像其他現代文學作品的作者一樣，深入發掘人心裡的情感，探索他人的愛憎。他探索了友誼與忠實的主題，以「魔戒」爲工具，探究沈溺的觀念。任何生物，不論是人類、哈比人、精靈，或甚至巫師，都受到「魔戒」的力量影響，都以自己的方式回應，這不但使得情節發展，也讓人物更有深度。

托爾金的人物常遭人批評說，不是好得不可思議，就是邪惡得不符現實。但這種觀點其實有兩個錯誤，第一，托爾金創造的角色中，就是好人也有弱點——哈比人不守規則，精靈和小矮人則互相憎恨。此外，好的人物也可以想像自己的邪惡，比如在羅斯洛立安，凱蘭崔爾想到她可以如何運用「魔戒」，而邪惡的角色卻無從想像其他人受「魔戒」魔力誘惑的可能，索倫擔心如甘道夫或亞拉岡這些擁有偉大力量的英雄會運用「魔戒」，公開向魔多挑戰，這個魔王卻沒想到竟有人願拋棄擁有舉世無雙權力的機會，摧毀眾人迷戀的寶物。第二，由波羅莫和咕魯兩個角色，就可看出上述批評的錯誤。波羅莫是個軟弱的好人，最後以他英勇的行爲爲自己贖罪，而咕魯則是文學中最可憐最神祕的生物，因爲對「魔戒」的耽迷而毀滅。

托爾金非但創造了完整的神話和現實，教文評家爲之氣結，他還創造出多層面相的人物，深入探索了情感和性靈的困境，對於掌控複雜的情節，敘述精彩的故事，更是高手。

除此之外，托爾金的作品之所以扣人心絃，是因爲它能給人安全感，它自有脈絡，卻又非關我們的世界，在那個宏偉華麗的世界裡自有傳統傳承，在時光浩浩巨流下卻又能保有重要的價值。中土是個過去一如現在一樣重要，且更甚於未來的世界。

還有批評者指托爾金的作品純是逃避現實，的確，《魔戒》教人讀來興味盎然，教人忘卻現實，但它卻有更深一層的意義，作者托爾金之所以成功，是因爲他憑直覺就明白榮格所謂原型人物的觀念。

在二十世紀之初，榮格提出「集體無意識」（collective unconscious）的觀念，並指出在我們潛意識心靈中，有一套不論年齡或文化背景，放諸四海皆準的原始形象。榮格把這些原型稱爲「初生形象」，是「最古老最普遍的人類思想形式。不但是思想，也是情感。」他認爲它們不只是傳承下來的觀念，而把它們定義爲等待啓動，回到意識之內的「潛在形式」。

所有偉大的藝術家，不論他們在什麼領域，都有能力藉由了解原型而操控情感。他們能夠引發潛意識裡共同形象的強烈情感反應，史蒂芬史匹柏做到了這一點，喬治路卡斯也做到了這一點，如畢卡索這樣的畫家憑本能就理解了原型的力量，而披頭四也一樣。許多知道如何契合原型的人，其實並不明白自己在做什麼，如果他們明白了，可能反而會失去啓發的力量。托爾金沒有時間鑽研心理學，對相信心理治療的人也嗤之以鼻，但沒有關係，因爲他並不需要把他內在力量理性化，以啓動我們所有人心裡的原型。

由於這種能力，托爾金才能爲他的作品賦與無比的力量。而也因爲這股力量，使讀者完全沈醉在他的作品裡。對托爾金迷而言，這永遠不夠，他們永遠想要更多——更多的細節、更多的資料。托爾金可以針對中土寫出千萬言，可以寫滿千萬頁，依然不足以滿足讀者，然而只用一千頁就扣緊上百萬人的心絃，提供讀者深信不疑、沈醉不已的另一個世界，在文學史上史無前例，正是他天才的驗證。

# 托爾金年表

一八九一年　托爾金的父母梅波和亞瑟在南非開普敦結婚。

一八九二年　一月三日，隆納德托爾金在南非布隆泉出生。

一八九四年　二月十七日，隆納德的弟弟希拉瑞在南非布隆泉出生。

一八九六年　二月十五日，托爾金的父親在布隆泉去世。隆納德、希拉瑞和梅波則待在英國。

一八九六年　夏，全家搬到薩瑞霍爾村。

一九〇〇年　梅波皈依天主教，全家遷回伯明罕中區，托爾金進愛德華國王學校。

一九〇一年　一月二十二日，維多利亞女王去世。

一九〇一年　全家搬到伯明罕國王石南區。

一九〇二年　全家搬到伯明罕艾吉貝斯頓區奧利佛路。兩個孩子由愛德華國王學校轉學到聖菲利浦小學。
一九〇三年　托爾金獲得愛德華國王學校獎學金，在秋天重新入學。
一九〇四年　十一月，托爾金的母親因糖尿病去世，得年卅四。
一九〇五年　兩兄弟搬進畢翠絲舅媽的家。
一九〇八年　兩兄弟遷入福克納夫婦的家。
一九〇九年　春，托爾金開始和艾迪絲・布萊特談戀愛。秋，托爾金未能通過牛津劍橋入學考試。
一九一〇年　秋，托爾金二度參加牛津劍橋入學考，這次順利通過，獲獎學金進入艾克斯特學院。
一九一一年　夏，訪瑞士。
十月，開始在牛津的學業。
一九一三年　一月，和艾迪絲重逢。
夏，榮譽資格只得第二名，轉讀英國語言文學系。
一九一四年　一月，艾迪絲皈依天主教，同月兩人訂婚。
八月四日，英國向德國宣戰。

一九一五年　十月，隆納德回到幾乎空無一人的大學，重新開始學業。
一九一六年　夏，獲第一級獎。
三月二十二日，隆納德和艾迪絲在沃維克結婚。
六月四日，隆納德入伍開拔至法國。
七月一日，索姆之役展開。
七月十四日，托爾金首度在前線作戰。
十一月，因戰壕熱被送回鄉。
一九一七年　十一月十六日，大兒子約翰出生。
一九一八年　十一月十一日，一次大戰結束。當月稍後，托爾金一家人遷到牛津，
開始爲《新英格蘭字典》工作。
一九一九年　托爾金開始私下收學生，全家搬到艾佛瑞德街。
一九二〇年　托爾金接受里茲大學英文語言系講師職位。
十月，托爾金次子麥可出生。
聖誕節，托爾金寫了第一封聖誕老公公信。
一九二二年　托爾金和戈登合編新版《高溫爵士和綠武士》。
一九二四年　十月，托爾金獲任命爲里茲大學英文教授。

十一月，三子克利斯多福出生。
一九二五年　十月，托爾金應聘為牛津大學安格魯撒克遜語教授。
一九二五年　春，托爾金組成「燙煤人」社團。
夏，結識C．S．魯益思。
一九二六年　一月，全家搬到牛津市諾斯摩爾路22號。
五月，發生大罷工。
一九二九年　托爾金的女兒普瑞西拉出生。
一九三〇年　托爾金一家人由諾斯摩爾路二十二號搬到二十號。
一九三〇年　一月，托爾金應該已經開始寫《哈比人歷險記》。
一九三三年　「吉光片羽社」開始聚會。
一九三五年　六月十一日，托爾金的監護人摩根神父以七十八歲之齡去世。
一九三七年　九月，《哈比人歷險記》在英國出版。
十二月底，托爾金開始寫《魔戒》。
一九三八年　春，《哈比人歷險記》在美國由米夫林出版。托爾金獲紐約前鋒論壇報獎。
一九三九年　九月三日，英國向德國宣戰。

一九四二年　C・S・魯益思《史克魯泰普書簡》出版。

一九四五年　五月七日，歐戰結束。

「吉光片羽社」社友威廉斯猝逝。

夏，托爾金被任命爲牛津大學莫頓學院英國語言文學系教授。

一九四七年　三月，托爾金全家遷到馬納路三號。

一九四九年　秋，托爾金寫完《魔戒》。

《漢姆的農夫蓋爾斯》出版。

十二月，托爾金結識柯林斯出版公司的華德曼。

一九五〇年　C・S・魯益思出版《獅子、女巫和魔衣櫥》。

托爾金全家遷到賀利威爾街九十九號。

展開漫長的修改《魔戒》手稿作業。

一九五二年　秋，艾倫和昂溫取得《魔戒》手稿。

一九五三年　艾迪絲和隆納德搬到海丁頓沙田路七十六號。

一九五四年　秋，《魔戒》首部曲出版。

十一月，二部曲《雙城奇謀》出版。

一九五五年　十月，三部曲《王者再臨》出版。

一九五七年　《哈比人歷險記》和《魔戒》原文手稿售給美國大學。
一九五九年　托爾金由教授職位退休。
一九六二年　出版《邦巴迪爾的冒險》。
一九六三年　十一月二十二日，C・S・魯益思和美國甘迺迪總統及作家赫胥黎同一天去世。
一九六五年　八月，《魔戒》盜版書在美國由「愛司出版社」發行，當年稍後，巴倫泰推出了正版。
一九六六年　愛司出版社和托爾金和解，前者將把所有拖欠的版稅付給托爾金。這件事掀起《魔戒》熱潮，使之暢銷國際。
三月，艾迪絲和隆納德在莫頓學院的花園裡慶祝金婚。
一九六七年　《伍頓將軍的史密斯》出版。
一九六八年　艾迪絲和隆納德搬到普爾湖畔路十九號。
一九七一年　十一月二十九日，艾迪絲去世。
一九七二年　三月，托爾金搬到牛津莫頓街的平房。
春，獲頒大英帝國公民獎（C・B・E・）。
六月，獲牛津大學榮譽文學博士學位。

一九七三年　九月二日，托爾金在布尼莫斯去世。
一九七六年《聖誕老公公來鴻》出版。
一九七七年《精靈寶鑽》出版。
一九七九年《托爾金畫集》出版。
一九八二年《我的喜樂》出版。
一九八三—九六年　《中土的歷史》一套十二冊陸續出版（由其子克利斯多福編輯策劃）。
一九八四年《羅維安頓》出版。
二〇〇一年　夏，一本初版的《哈比人歷險記》以八萬五千英鎊售出。
二〇〇一年　夏，《哈比人歷險記》和《魔戒》名列紐約時報暢銷書榜。
十二月，《魔戒》首部曲在全球上映（二部曲和三部曲預訂在二〇〇二和二〇〇三年上映）。

# 托爾金傳

2002年10月初版　　定價：新臺幣250元



| | |
|---|---|
| 著　　者 | Michael White |
| 譯　　者 | 莊安琪 |
| 發行人 | 劉國瑞 |

| | | | |
|---|---|---|---|
| 出版者 | 聯經出版事業股份有限公司 | 責任編輯 | 顏艾琳 |
| 台北市忠孝東路四段555號 | | 校　　對 | 楊蕙苓 |
| 台北發行所地址 | ：台北縣汐止市大同路一段367號 | 封面設計 | 胡筱薇 |
| 電話 | ：(02)26418661 | | |
| 台北忠孝門市地址 | ：台北市忠孝東路四段561號1-2樓 | | |
| 電話 | ：(02)27683708 | | |
| 台北新生門市地址 | ：台北市新生南路三段94號 | | |
| 電話 | ：(02)23620308 | | |
| 台中門市地址 | ：台中市健行路321號B1 | | |
| 台中分公司電話 | ：(04)22312023 | | |
| 高雄辦事處地址 | ：高雄市成功一路363號B1 | | |
| 電話 | ：(07)2412802 | | |
| 郵政劃撥帳戶第 | 0100559-3號 | | |
| 郵撥電話 | ：26418662 | | |
| 印刷者 | 雷射彩色印刷公司 | | |

行政院新聞局出版事業登記證局版臺業字第0130號

本書如有缺頁，破損，倒裝請寄回發行所更換。　　ISBN 957-08-2512-X（平裝）
聯經網址 http://www.udngroup.com.tw/linkingp
信箱 e-mail:linkingp@ms9.hinet.net

國家圖書館出版品預行編目資料

托爾金傳 / Michael White 著．莊安琪譯．
--初版．--臺北市：聯經，2002年（民91）
248面；14.8×21公分．
譯自：Tolkien：a biography

ISBN 957-08-2512-X(平裝)
1.托爾金（Tolkien, J. R. R..（John Ronald Reuel）,
1892-1973）-傳記
2.托爾金（Tolkien, J. R. R.（John Ronald Reuel）,
1892-1973）-作品評論

784.18 91017191

# 聯經出版公司信用卡訂購單

信用卡別：　□VISA CARD □MASTER CARD □聯合信用卡
訂購人姓名：＿＿＿＿＿＿＿＿＿＿＿＿＿＿＿＿＿＿＿＿
訂購日期：＿＿＿＿年＿＿＿＿月＿＿＿＿日
信用卡號：＿＿＿＿ ＿＿＿＿ ＿＿＿＿ ＿＿＿＿
信用卡簽名：＿＿＿＿＿＿＿＿＿(與信用卡上簽名同)
信用卡有效期限：＿＿＿＿年＿＿＿＿月止
聯絡電話：日(O)＿＿＿＿＿＿＿夜(H)＿＿＿＿＿＿＿
聯絡地址：□□□＿＿＿＿＿＿＿＿＿＿＿＿＿＿＿＿＿＿
訂購金額：新台幣＿＿＿＿＿＿＿＿＿＿＿＿＿＿元整
（訂購金額 500 元以下，請加付掛號郵資 50 元）

發票：□二聯式　　□三聯式
發票抬頭：＿＿＿＿＿＿＿＿＿＿＿＿＿＿＿＿＿＿＿＿
統一編號：＿＿＿＿＿＿＿＿＿＿＿＿＿＿＿＿＿＿＿＿
發票地址：＿＿＿＿＿＿＿＿＿＿＿＿＿＿＿＿＿＿＿＿
如收件人或收件地址不同時，請填：
收件人姓名：＿＿＿＿＿＿＿＿＿＿＿＿＿＿＿＿□先生 □小姐
聯絡電話：日(O)＿＿＿＿＿＿＿夜(H)＿＿＿＿＿＿＿
收貨地址：＿＿＿＿＿＿＿＿＿＿＿＿＿＿＿＿＿＿＿＿

・茲訂購下列書種・帳款由本人信用卡帳戶支付・

| 書名 | 數量 | 單價 | 合計 |
|---|---|---|---|
| | | | |
| | | | |
| | | | |
| | | | |
| | | | |
| | | | |
| | | 總計 | |

訂購辦法填妥後
直接傳眞 FAX：(02)8692-1268 或(02)2648-7859
洽詢專線：(02)26418662 或(02)26422629 轉 241